_____ 님의 소중한 미래를 위해
이 책을 드립니다.

**코린이도 술술 읽는
친절한 코인책**

코린이도 술술 읽는
친절한 코인책

코인 왕초보가 꼭 알아야 할 기본

노윤주 지음

메이트북스

메이트북스 우리는 책이 독자를 위한 것임을 잊지 않는다.
우리는 독자의 꿈을 사랑하고,
그 꿈이 실현될 수 있는 도구를 세상에 내놓는다.

코린이도 술술 읽는 친절한 코인책

초판 1쇄 발행 2025년 10월 25일 | 지은이 노윤주
펴낸곳 (주)원앤원콘텐츠그룹 | 펴낸이 강현규·정영훈
등록번호 제301-2006-001호 | 등록일자 2013년 5월 24일
주소 04607 서울시 중구 다산로 139 랜더스빌딩 5층 | 전화 (02)2234-7117
팩스 (02)2234-1086 | 홈페이지 matebooks.co.kr | 이메일 khg0109@hanmail.net
값 18,000원 | ISBN 979-11-6002-969-7 03320

잘못 만들어진 책은 구입하신 서점에서 교환해 드립니다.
이 책을 무단 복사·복제·전재하는 것은 저작권법에 저촉됩니다.

당신의 키(Private Key)를 지켜라,
그렇지 않으면 코인은 당신 것이 아니다.

• 코인시장 명언 •

지은이의 말

코인 투자는
아직 불안한 분들을 위해

 코인 시장은 빠르게 변화합니다. 하루가 멀다하게 새로운 트렌드가 탄생하고 그 속에서 옥석이 가려집니다. 이 때문에 누군가는 코인 시장에서의 3개월은 다른 시장의 3년과도 같다는 이야기를 하기도 합니다.

 변화의 속도가 빠르다는 건 그만큼 기본이 중요하다는 뜻이기도 합니다. 기초지식 없이는 끊임없이 쏟아지는 정보의 홍수에서 길을 잃기 쉽습니다. 아직 신생 산업인 이 시장에서는 엄청나게 많은 정보들이 쏟아져 나오고 있습니다. 오늘의 트렌드는 NFT였지만 내일은 갑자기 DeFi로 바뀌는 일도 흔합니다. 아직 법 체계가 완비되지 않아 그레이존(Grey Zone) 영역에 발을 걸치고 있는 서비스들도 많습니다.

뉴스에서는 누군간 코인 투자로 대박을 쳤다 하고, 누군가는 전 재산을 잃었다고 합니다. 그래서 관심은 있지만 코인 투자를 망설이는 분들이 많습니다. 코인이라는 새로운 자산에 투자하는 것은 분명 모험이자 도전이니까요. 이 책은 이러한 모험의 시작점에 서 있는 분들을 위해 썼습니다.

2017년 말, 블록체인 산업을 처음 취재할 때 저는 초보 기자에 불과했습니다. 정보의 홍수 속에서 표류하던 초심자 중 한 사람이었습니다. 블록체인 지식은 물론 주식 투자 경험도 전무한 채로 이 산업을 취재하기 시작했습니다.

기초지식이 없던 제 앞에 '4차 산업혁명' '세상을 바꿀 기술 패러다임' 같은 화려한 수식어들이 쏟아졌고, 당시 제 눈에는 블록체인은 몽상 같으면서도 세상을 변화시킬 엄청난 기술로 보였습니다. 모든 시스템이 블록체인으로 바뀌고 코인으로 결제하는 시대가 당장이라도 올 것만 같았습니다.

하지만 현실은 달랐습니다. 비트코인 붐은 몇 개월 만에 금방 시들해지고 말았습니다. 그리고 공부를 시작했습니다. 비트코인은 왜 탄생했는지, 이더리움은 왜 필요한지, 그렇다면 이 두 코인 외에 다른 수많은 알트코인의 존재 목적은 무엇인지 조금씩 알아가면서 허상과 현실이 차츰 구분되기 시작했습니다.

코인 시장도 사라지지 않았습니다. 굴곡은 있었지만 굵직한 발자취를 남기면서 성장했습니다. 스테이블코인 같은 혁신들이 이 업계의 건전한 발전을 보여주고 있습니다.

자산의 디지털화는 우리가 아주 오래전부터 고민해오던 화두입니다. 지금 블록체인과 코인은 그 중심에 서 있습니다. 그리고 다양한 시도들과 무수한 기회들이 기다리고 있습니다. 기초지식을 쌓기 딱 좋은 시기입니다.

이 책은 코인과 블록체인을 무작정 찬양하지도, 허상이라며 비판하지도 않습니다. 투자 대박을 약속하지도 않습니다. 다만 모르고 투자하는 것보다는 알고 투자하는 것이 좋다는 단순한 믿음으로 이 책을 썼습니다. 저는 투자에는 여전히 재능이 없지만 기초를 조금씩 쌓아가면서 저만의 기준을 마련할 수 있었습니다. 제가 그랬듯 여러분도 기본부터 같이 알아가며 자신만의 투자 기준을 만들어갔으면 좋겠습니다.

그리고 블록체인과 코인에 대해 무지하던 저를 한 권의 책을 펴낼 수 있는 사람으로 성장시켜준 블록체인 산업의 소중한 인연들께 감사 인사를 올립니다. 또 기자로서 새로운 시각으로 블록체인 산업을 볼 수 있도록 길을 터주신 지금의 회사 선후배들, 부족한 원고를 함께 고민해주신 메이트북스에도 감사를 전합니다.

마지막으로, 남이 가지 않는 길에 정답이 있을 수 있다며 포기하지 않는 방법을 가르쳐주신 부모님과, 제 투정에도 묵묵히 응원을 보내준 가족들 덕분에 이 책을 완성할 수 있었습니다. 정말 고맙습니다.

노윤주

차례

지은이의 말 코인 투자는 아직 불안한 분들을 위해   6

1장 | 코린이에게 필요한 비트코인 기초 상식

'가상자산=비트코인', 이게 맞나요?   17
비트코인 탄생 이전, 토대는 누가 만들었나요?   20
비트코인의 목적은 '은행 없는 금융'인가요?   25
블록체인과 비트코인 사이에는 어떤 연관성이 있나요?   31
탈중앙화라는 단어가 자꾸 보여요. 왜 중요한가요?   36
'1억 원'이 된 비트코인, 왜 가치가 계속 오를까요?   41
막간 코너 블록체인이 해킹당했다는 뉴스를 봤는데요?   49

2장 | 코린이에게 필요한 알트코인 기초 상식

이더리움이 가상자산의 새 시대를 열었다는 건, 어떤 뜻인가요?	55
막간 코너 작업증명(PoW), 지분증명(PoS)이 뭐죠?	60
한국인은 리플(엑스알피)을 왜 그렇게도 좋아하나요?	62
'스테이블 코인'은 왜 가치가 변하지 않죠?	67
도지코인, 시바이누… '밈코인'의 정체가 뭐죠?	76
BNB, 솔라나, 아발란체… 제2의 이더리움인가요?	81
막간 코너 하위테스트란 것이 뭐죠?	86

3장 | 비트코인 거래 전 '꼭 알아야 하는' 체크리스트

비트코인은 어디서 어떻게 사야 안전하게 거래할 수 있나요?	93
막간 코너 체크포인트로 알아보는 거래소 가입 절차	97
비트코인을 사는데 주거래 은행을 따져야 한다고요?	100
비트코인은 소수점 단위로 거래가 된다는데, 무슨 의미죠?	105
같은 비트코인인데 거래소별로 가격이 왜 다른가요?	109
빗썸에는 있는 코인이 업비트에는 없는 이유는 뭔가요?	113
비트코인 100만 원어치를 샀는데 왜 잔고는 100만 원보다 적나요?	116
지정가 주문과 시장가 주문 중 무엇을 선택해야 하나요?	120
가상자산 시장도 장마감이 있나요?	123
해외 코인을 미국주식처럼 따로 살 수 있나요?	127
코인의 선물·마진거래는 어떤 식으로 이루어지나요?	131
막간 코너 트래블룰이란 게 뭐죠?	136

4장 | 좋은 코인, 어떻게 고르면 좋을까?

코인 시장의 백서가 증시의 사업보고서 같은 건가요? 143
메인넷, 유틸리티… 코인에도 유형이 있는 건가요? 148
코인 발행량과 유통량, 왜 중요한가요 156
흩어져 있는 코인 정보, 어디서 봐야 하나요? 160
코인 시장의 '커뮤니티', 코인의 성장 동력이 되나요? 165
죽었는데도 거래가 되는 '좀비코인'이 있나요? 169
'코인 사기'는 실제 시장에서 어떤 식으로 이루어지나요? 173
막간 코너 토크노믹스(Tokenomics) 해부하기 181

5장 | 비트코인 샀어요! 이제 뭘 하면 되나요?

코인 시장의 거래량은 어떤 '시그널'을 알려주나요? 187
왜 스테이킹을 코인계의 정기적금이라고 하죠? 190
갑자기 공짜로 생긴 에어드랍, 누가 내게 주는 건가요? 195
비트코인 장투와 알트코인 단타, 뭐가 더 유리한가요? 199
코인을 현금화했는데, 은행 계좌로 출금해야 하나요? 203
막간 코너 HODL이란 게 뭐죠? 207

6장 | 비트코인을 투자자 스스로 관리하는 방법

비트코인 '개인 지갑'은 어떻게 사용하나요? 213
거래소에서 비트코인을 출금할 수 있나요? 219
비트코인을 출금하는데, 이렇게 많은 수수료를 떼나요? 224
비트코인을 보냈는데, 영영 못 받을 수도 있다고요? 229
막간 코너 코인 전송 전, 필수 체크리스트 232

7장 | 코인에 투자할 때 주목해야 할 뉴스들

김치프리미엄이 발생했다는데, 이건 어떤 신호일까요? 237
이제 가상자산도 금융상품인 건가요? 241
가상자산 팔아 수익이 났다면 세금을 내야 하나요? 246
NFT(대체불가토큰)도 가상자산에 포함되나요? 250
막간 코너 FOMO vs FUD 254

부록 이것만은 꼭 알아두자! 코인 핵심용어 32 256

가상자산은 단순한 투자 대상이 아니라 블록체인 기술의 집약체다. 처음 접하는 사람이라면 개념과 구조를 정확히 이해하는 것이 무엇보다 중요하다. 비트코인과 알트코인, 그리고 블록체인의 기본 원리를 차근차근 짚어보자.

1장

코린이에게 필요한 비트코인 기초 상식

'가상자산=비트코인', 이게 맞나요?

우리는 자주 가상자산, 코인, 토큰, 비트코인이라는 단어를 혼용한다. 다른 가상자산에 투자하는데도 "나, 비트코인 투자해"라고 말하기도 한다. 가상자산은 비트코인인 것일까? 비트코인이 아닌 코인은 뭘까?

가상자산, 암호화폐, 가상화폐… 뭐가 맞나?

본격적으로 블록체인과 비트코인 그리고 가상자산에 대해 알아보기 전에 용어부터 정리해야 할 필요가 있다. 우리가 흔히 말하는 '코인'은 여러 가지 단어로 불린다. 달러는 달러, 금은 금인데 유독 코인만 여러 가지 용어를 혼용해 부르고 있다.

현 시점에 가장 많이 채택되어 보편적으로 쓰이는 단어는 가상자산이다. 영어로는 버추얼 애셋(virtual asset)이라고 부른다. 이 영단어를 우리말로 직역해서 가상자산이라고 부르기 시작했다. 2018년 국제자금세탁방지기구(FATF, Financial Action Task Force)는 가상자산 관련 자금세탁방지 권고안을 만들면서 버추얼 애셋이라는 용어를 채택했다.

FATF 회원국은 이 권고에 맞춰 각 국가별로 가상자산의 자금세탁을 막는 법안을 만들기 시작했고, 우리나라 금융당국도 마찬가지였다. 이에 공식적으로 '가상자산'이라는 용어가 쓰이기 시작했다. 그 이후 주요 언론에서도 가상자산이라고 용어를 통일하고 있다.

하지만 블록체인 업계에서는 가상자산이라는 단어를 딱히 반기지 않는다. '가상'이라는 단어가 실체가 없고 허구에 가깝다는 인식을 줄 수 있어서다. 블록체인(분산원장) 기술을 사용해 발행한다는 특성도 담지 못하기 때문이다. 이에 '디지털자산(Digital Assets)' 혹은 '암호화폐(Crypto Currency)'라는 단어를 보편화시키고자 노력하고 있다. 최근에는 국내외 정부, 기관 그리고 관련 법률에서도 디지털자산이라는 표현을 더욱 많이 채택하는 추세다. 이 책에서는 혼선을 방지하고자 가상자산 혹은 코인이라는 단어로 통일해 표현하고자 한다.

비트코인, 그저 신기루였을까?

- 비트코인이 국내 대중에 알려지기 시작한 건 2017년이다. 비트코인의 정체를 주제로 TV에서 긴급 토론회를 진행했던 것이 아직도

생생하다.

당시 비트코인이라는 새로운 재화에 투자해 일확천금을 얻어 은퇴했다는 '파이어족' 사례가 속출했다. '대체 갑자기 등장한 비트코인이 무엇이기에 사람들에게 엄청난 부를 안겨준 걸까?' 대중의 궁금증이 커졌다. 게다가 비트코인은 발행 주체도 없고 눈에 보이지도 않는 돈이라던데, 그 가치는 도대체 어디서 나오는지, 곧 사라질 신기루는 아닌지 비트코인을 둘러싼 논란이 분분했다.

그 후로 몇 년이 지났지만 일각의 우려와 달리 비트코인은 사라지지 않았다. 오히려 시장은 점차 커져 이제는 이름만 대면 알 수 있는 미국 월가의 유명 전통 금융사들도 비트코인을 자신들의 투자 포트폴리오에 추가하고 있다.

비트코인이 토대를 만들어준 덕에 현재는 여러 종류의 가상자산이 탄생했고 시장에서 거래되고 있다. 국내 가상자산거래소에 상장된 종류만 300종이 넘는다. 하지만 비트코인의 인상이 너무 강렬했던 탓일까? 여전히 많은 이들은 '가상자산=비트코인'이라는 인식을 가지고 있다. 종종 "비트코인 종류가 여러 개던데, 무엇에 투자해야 할지 모르겠어"라며 추천을 부탁하는 이들도 있다.

비트코인이 가장 유명하고 규모가 큰 가상자산인 것은 맞지만 모든 가상자산이 비트코인인 것은 아니다. 앞서 언급한 것처럼 가상자산 시장에는 여러 종류의 코인이 존재한다. 스마트폰 시장에 아이폰, 갤럭시, 저렴한 샤오미 등이 존재하는 것처럼 말이다.

비트코인 탄생 이전,
토대는 누가 만들었나요?

비트코인의 가치가 상승하면서 세계인들이 '코인'과 '블록체인'에 주목했다. 그렇다면 비트코인은 최초의 가상자산인 것일까? 아니다. 비트코인 등장 이전에도 금융 시스템을 바꾸려던 사람들이 있었다. 그들은 누구일까?

'암호학의 아버지', 최초의 가상자산을 만들다

"실패는 성공의 어머니다." 수많은 실패 사례가 모여 토대가 되고 그 토대가 하나의 성공을 만들어낸다. 진부한 명언이지만 아직도 인용되는 것을 보면 틀린 말은 아닌 듯하다. 이는 가상자산과 블록체인이 만들어져온 역사에서도 엿볼 수 있다.

사람들은 비트코인이 최초의 가상자산이라고 알고 있지만 사실은 다르다. 비트코인 탄생 이전, 암호화된 탈중앙화 시스템을 이용해 '디지털자산' 시스템을 구현하려는 여러 시도가 있었다. 그리고 그

가상자산 토대를 만든 데이비드 차움

출처: 데이비드 차움 링크드인

시도 끝에 비트코인이 세상에 나올 수 있었다.

가상자산의 토대를 만든 인물로는 '암호학의 아버지'라 불리는 데이비드 차움(David Chaum)을 꼽을 수 있다. 차움에 대해 이야기하려면 먼저 '사이버 펑크' 운동을 알아야 한다. 사이버 펑크는 1980년대 후반 미국 캘리포니아에서 태동했다. 암호학과 프라이버시 강화를 통해 사회·정치적 변화를 추구하는 움직임이었다.

그 근간이 된 것이 차움이 1985년 발표했던 논문 〈사용자 식별 없는 보안: 빅브라더를 무용지물로 만드는 거래 시스템(Security without identification: transaction systems to make big brother obsolete)〉이다.

데이비드 차움이 발표한 논문의 첫 시작 부분

ARTICLES

SECURITY WITHOUT IDENTIFICATION: TRANSACTION SYSTEMS TO MAKE BIG BROTHER OBSOLETE

The large-scale automated transaction systems of the near future can be designed to protect the privacy and maintain the security of both individuals and organizations.

DAVID CHAUM

출처: 〈Security without identification: transaction systems to make big brother obsolete=David Chaum, 1985〉 원문 다운로드, ACM 디지털 라이브러리

차움은 결제 시스템이 개인 프라이버시를 침해할 수 있다는 문제의식을 제기했다. 이에 익명성이 보장된 전자화폐가 필요하다고 강조했다. 그가 고안해낸 최초의 가상자산이 바로 'e캐시'다. 그는 '블라인드 서명'이라는 기술을 활용해 은행이 가상자산에 서명은 할 수 있지만, 실제로 어떤 코인에 서명했는지는 알 수 없도록 설계했다. 은행이 거래내역을 역추적하지 못하게 하면서 필요할 때 사용자가 자신의 거래내역을 증명할 수 있게 만든 것이다.

이 이론을 바탕으로 1990년 차움은 '디지캐시(DigiCash)'라는 회사를 설립했고, 정식으로 이캐시를 발행하고 운영하기로 결심했다. 실제로 미국의 한 은행에서 소액결제 시스템으로 이캐시를 채택하

기도 했다. 하지만 시대를 잘못 타고난 탓인지 이캐시는 상업적 성공을 거두지 못했다.

사용자들은 신용카드를 두고 굳이 이캐시를 사용해야 할 필요성을 느끼지 못했다. 개인정보 보호보다 편의성이 더 각광받던 시절이었다. 익명성을 강조한 이캐시이지만 역설적으로 은행 제휴에 의존해야 했던 것도 패착이었다. 결국 1998년 디지캐시는 파산했다. 비록 이캐시는 실패했지만 디지캐시는 암호학 기반의 익명성이 보장된 가상자산 개념을 제안하면서 비트코인이 탄생할 수 있도록 길을 열어주는 계기가 되었다.

비트코인 이전에 비트골드가 있었다

뒤에서 설명하겠지만 '스마트 컨트랙트'라는 개념이 있다. '자동계약'을 뜻하는 말로, 이는 이더리움이 비트코인에 이어 가상자산 시가총액 2위 규모로 성장할 수 있게 만들어준 기술이기도 하다.

이 때문에 많은 이들은 스마트 컨트랙트를 이더리움 창시자인 비탈릭 부테린(Vitalik Buterin)이 만든 것으로 알고 있다. 하지만 스마트 컨트랙트를 처음 고안한 인물은 '닉 자보(Nick Szabo)'다. 자보 역시 데이비드 차움처럼 사이버펑크 운동에 합류했던 인물 중 한 사람이다.

1994년 그가 제시한 스마트 컨트랙트는 계약조건을 디지털 명령어로 기록하고 그 조건이 충족되면 자동으로 계약을 이행하는 개념

스마트 컨트랙트를 처음 고안한 닉 자보

출처: 유튜브 캡처

이다. 계약 당사자 간의 분쟁을 최소화하고 중개자 없는 투명한 거래가 가능하도록 고안되었다.

이를 토대로 자보는 1998년 '비트골드'라는 개념도 공개했다. 컴퓨터를 사용하는 참여자들이 컴퓨팅 파워를 이용해 암호화된 문제(퍼즐)를 풀고 그 문제를 푼 사람이 비트골드를 얻는 구조다. 비트코인의 구조와 매우 유사하다. 이에 일각에서는 '비트골드가 비트코인의 뼈대'라고 해석하기도 한다.

사실 비트골드는 세상에 나오지 못했다. 하지만 유사성에서 비쳐 보아 비트코인 탄생에 지대한 영향을 끼친 것은 분명해 보인다.

비트코인의 목적은
'은행 없는 금융'인가요?

시간이 지남에 따라 블록체인 기술이 발전함과 동시에 비트코인의 목적도 사뭇 달라졌다. 비트코인의 본래 목적은 송금과 결제였지만, 가치가 수직 상승하면서 현재는 금과 같은 일종의 투자수단으로 자리 잡았다.

비트코인의 개념은 2008년 처음 등장했다. 만든 이는 사토시 나카모토(Satoshi Nakamoto)다. 그의 이름이 가명인지 실명인지, 한 명일지 단체일지 그 누구도 알지 못한다. 정체는 여전히 베일에 싸여 있다. 이 시기에 비트코인 창시자이자 익명의 개발자인 사토시 나카모토는 암호학 커뮤니티인 '메츠다우드닷컴(metzdowd.com)'에 비트코인 백서를 처음 공개했다.

이 백서에서 블록체인 기술이 언급된다. 사토시는 여기서 '블록'이란 단어를 사용했다. 하나의 블록에 거래 처리 내역을 담고, 이를 시간 순서대로 쭉 연결한다고 해서 붙여진 이름이 바로 '블록체인'이다.

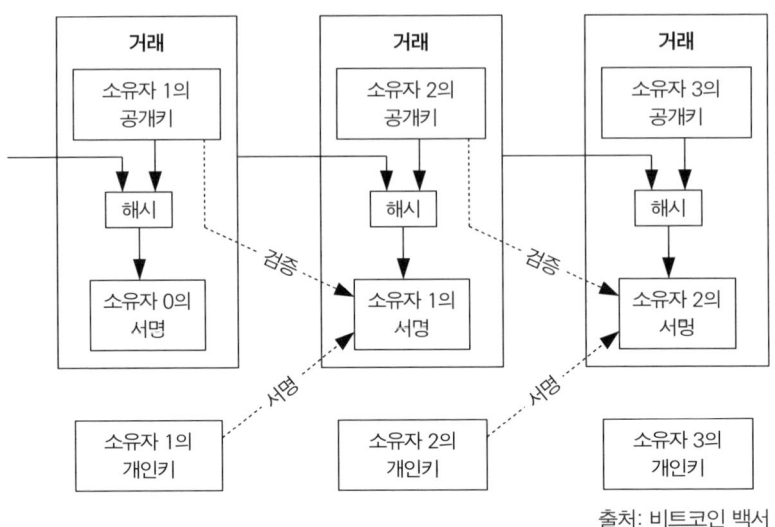

출처: 비트코인 백서

    블록체인의 개념 자체는 비트코인 탄생 이전에도 여러 암호학자를 통해 등장한 바 있다. 사토시는 비트코인을 통해 이 개념을 하나의 통화 시스템을 작동시키는 기반 기술로 발전시켰다. 그 덕에 암호학 학자들 사이에서 논의되던 블록체인이라는 기술과 용어가 드디어 대중들의 주목을 받기 시작했다.

    그리고 이듬해 1월 비트코인의 첫 번째 블록인 '제네시스 블록'이 만들어졌다. 제네시스 블록에서 사토시가 왜 비트코인을 만들었는지 더 명확히 알아챌 수 있다. 블록체인을 활용하는 비트코인의 모든 거래내역에는 간단한 메시지를 새길 수 있다. 창시자이자 비트코

비트코인 창시자 사토시 나카모토의 전자지갑 주소

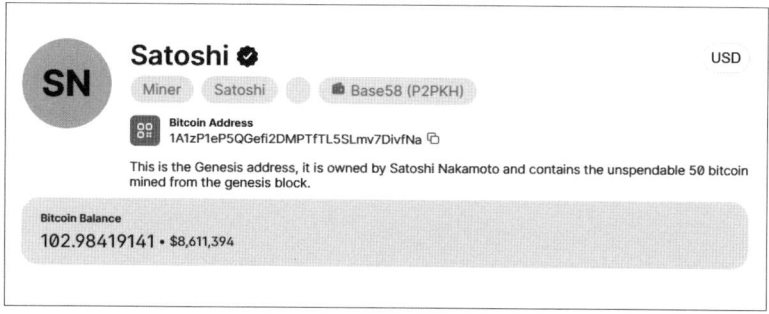

출처: 블록체인 탐색기 화면캡처(Bitcoin Genesis Address)

인 최초 채굴자인 사토시는 '더 타임스, 은행들의 두 번째 구제금융을 앞두고 있는 U.K. 재무장관(The Times 03/Jan/2009 Chancellor on brink of second bailout for banks)'이라는 〈더 타임즈(런던타임즈)〉 1면 뉴스 헤드라인을 메시지로 삽입했다.

수많은 대중들의 손해는 무시한 채 금융위기에서 세금을 투입해 은행·금융사를 구제해주는 정부와 기존 금융시스템 행태에 대한 비판이었다. 은행과 정부 없이도 굴러가는 '탈중앙화'된 금융 시스템을 만드는 것이 그의 목표였음을 엿볼 수 있는 대목이다.

목적에 따라 1세대 블록체인이자 가상자산인 비트코인은 송금과 결제에 초점을 맞췄다. 고안 당시 컴퓨터 기술력을 감안해 설계하다 보니, 현 시점에서 바라보면 비트코인의 블록체인 자체는 느리고 일상에서 결제 수단으로 활용하는 데도 한계가 있다.

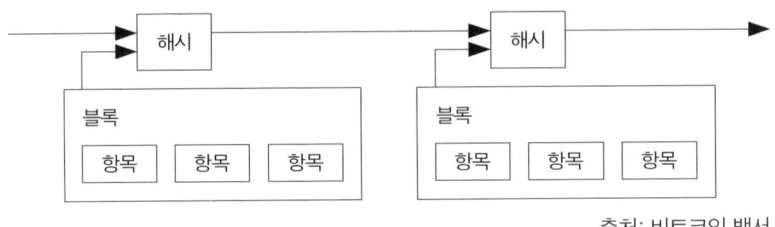

출처: 비트코인 백서

그러나 "오래된 아파트가 오히려 튼튼하다"는 말처럼 비트코인 네트워크 자체는 여전히 굳건하다. 단 한 번도 해킹을 당한 적 없는 블록체인이기도 해 많은 이들의 신뢰를 얻고 있다.

시간이 지남에 따라 블록체인 기술이 발전함과 동시에 비트코인의 목적도 사뭇 달라졌다. 본래 목적은 송금과 결제였지만, 가치가 수직 상승하면서 현재는 금과 같은 일종의 투자수단으로 자리 잡았다. 금을 구매하는 사람은 가치 상승을 기대하고 있기 때문에 급전이 필요하거나 목표한 기대수익에 도달하기 전까지는 금을 팔지 않는다. 비트코인도 마찬가지다. 결제는 다른 이에게 비트코인을 넘기는 행위, 즉 매도에 해당한다. 개당 가격 1억 원을 돌파하면서 비트코인이 가치 상승의 가능성을 보여준 지금, 이를 결제용으로 사용하고자 하는 이는 극히 드물다. 이제 비트코인은 '디지털골드'라 불리면서 가치저장수단으로서의 역할을 하고 있다.

비트코인 백서의 제목은 〈비트코인: 개인 대 개인 전자 화폐 시스템(Bitcoin: A Peer-to-Peer Electronic Cash System)〉이다. 초록의 첫 문장은 "전적으로 개인 대 개인 버전인 전자화폐는 금융기관을 거치지 않고, 한쪽에서 다른 한쪽으로 직접 전달되는 온라인 결제를 실현한다"이다(출처: 비트코인 백서 한국어 공식 번역본_임민철).

가상자산에도 '세대'가 있다

마니아층 사이에서 비트코인의 존재가 알려지면서 비슷한 실험을 하는 사람들이 생겼다. 2011년 개발자 찰리 리(Charlie Lee)는 비트코인 소스코드에서 몇 가지를 수정한 새로운 블록체인과 가상자산 '라이트코인'을 발표했다. 라이트코인은 블록 생성 시간을 비트코인의 1/4 수준으로 줄인 것이 특징이다. 이 말인즉슨 거래 처리 속도가 4배 빨라지고 코인 발행량도 4배 많다는 뜻이다.

국제 송금에 초점을 맞춘 '리플(엑스알피)'도 등장했다. 한국인이 가장 좋아하는 코인으로 자주 꼽히는 바로 그 리플이다. 엑스알피는 전송시간이 2~5초밖에 걸리지 않는다. 이렇듯 초창기 1세대 가상자산들은 비트코인의 영향을 받아 결제와 송금에 초점을 맞췄다.

2세대 가상자산은 블록체인 시장의 판도를 바꾼 이더리움이다. 비탈릭 부테린이 개발한 이더리움은 블록체인에 스마트 컨트랙트 기능을 탑재했다. 스마트 컨트랙트는 특정 조건이 충족되면 자동으로 실행되는 블록체인 프로그램이다. 앞서 언급한 대로 닉 자보가 처음 고안했고, 이더리움을 통해 확산되기 시작했다.

예를 들어 '크리스마스 기념 코인'을 보유한 사람에게 12월 24일에 보너스 코인을 한 개 지급하도록 스마트 컨트랙트를 미리 설정할 수 있다. 이때 블록체인은 오늘이 몇 월 며칠인지 알 수 없기 때문에 실제 실행에 앞서 누군가 해당 컨트랙트를 호출해야 한다. 호출을 완료하면 크리스마스 기념 코인을 보유한 사람은 모두 보너스 코인을 받을 수 있다.

이러한 시스템 덕분에 당사자 간 신뢰가 없는 상황에서도 조건만 충족되면 계약이 자동으로 이행된다. 서로 신뢰도가 0인 사이에도 믿고 거래할 수 있는 기반을 만들어둔 셈이다. 이더리움과 스마트 컨트랙트 덕분에 블록체인과 가상자산은 송금, 결제 용도를 넘어 보험, 공급망 관리, 문서 보관 등으로 영역을 확장할 수 있었다. 단순 결제용 신기술에서 하나의 기술 인프라 겸 플랫폼으로 자리 잡기 시작한 것이다.

이제 세대를 거듭하면서 이더리움의 단점을 보완하는 3세대 블록체인들도 등장했다. 따라서 '가상자산=비트코인'이냐고 묻는다면 '아니다'라고 답하는 것이 맞겠다. 가상자산의 세계는 비트코인을 넘어 무궁무진하게 발전을 거듭하고 있다(더 자세한 코인의 종류는 후술하겠다).

블록체인과 비트코인 사이에는 어떤 연관성이 있나요?

실과 바늘이 별개로 뗄 수 없는 사이인 것처럼 블록체인과 비트코인도 서로 분리할 수 없는 각각의 개념이다. 블록체인 기술을 활용한 최초의 성공작인 비트코인의 작동 원리는 과연 무엇일까?

블록체인 기술을 발명한 사람은 비트코인의 창시자인 사토시 나카모토일까? 사실 그보다 훨씬 이전부터 블록체인의 기초 개념은 존재해왔다. 1991년 과학자 스튜어트 하버(Stuart Haber)와 스콧 스토네타(Scott Stornetta)가 위변조가 불가능한 '타임 스탬핑' 기술을 제안했다. 1992년에는 여러 문서를 하나의 블록에 모으는 정도로 발전시켰지만 다수의 선택을 받지는 못했다.

사토시 나카모토로 의심되는 인물이 있다?

비트코인의 토대가 되는 기술은 세기가 바뀐 2004년 컴퓨터 공학자 할 피니(Hal Finney)에 의해 탄생한다. 할 피니로 익히 알려져 있지만 그의 풀네임은 해럴드 토머스 피니 2세(Harold Thomas Finney II)다. 캘리포니아 공과대학을 졸업한 피니는 소프트웨어 개발자로서 암호화 프로그램, 온라인 개인정보 보호 소프트웨어 개발 등 다양한 활동을 했다.

할 피니는 '재사용 가능한 작업증명(RPoW)'이라는 개념을 세상에 선보였다. 이는 기존 작업증명(PoW) 시스템이 한 번 사용한 작업

재사용 가능한 작업증명(RPoW)의 동작 방식

출처: RPoW 시스템 구조 설명도(Hal Finney, 2004)

RPoW를 개발한 할 피니

출처: 산타바바라 인디펜던트 닷컴

증명을 다시 쓸 수 없다는 한계를 개선하려는 시도였다. 일반적인 PoW는 컴퓨터가 연산 자원을 들여 문제를 해결하고, 그 결과로 작업을 수행했다는 증명을 받는 구조다.

피니가 RPoW를 개발하기 전에는 이 증명은 한 번 쓰고 나면 다시 활용할 수 없었지만, 그는 신뢰할 수 있는 하드웨어(TPM)를 활용해 해당 증명을 재사용 가능하게 만들었다. 이를 통해 한 번 얻은 PoW 결과를 안전하게 보관하고 제3자가 그 증명을 사용할 수 있도록 검증 가능한 방식으로 전달할 수 있게 했다.

이 개념은 훗날 사토시 나카모토가 비트코인을 개발하는 데 큰 도움을 준다. 이에 몇몇 사람들은 할 피니가 바로 사토시 아니냐는 의심을 하기도 한다.

사토시 나카모토는 탈중앙화된 방식으로 작업증명을 처리하는, 현재 우리가 알고 있는 개념의 블록체인을 만들어낸다. 이는 기존 중앙화된 금융 시스템의 한계를 극복하고자 하는 혁신적인 시도였다.

사토시가 창시한 비트코인은 모든 거래내역을 블록체인에 기록하고 보관한다. 새로운 거래가 발생하면 이 거래는 다른 거래들과 함께 '블록'이라는 단위로 묶인다. 각 블록은 이전 블록과 하나로 연결되어 있어 '블록체인'이다. 이러한 연결 구조는 거래 기록의 순서와 무결성을 보장한다.

이러한 검증 작업에 대한 보상으로 나오는 것이 바로 비트코인이다. 사토시는 채굴자들이 컴퓨터를 통해 작업증명(거래 검증과 블록 생성)을 진행하고 그 대가로 비트코인을 받게 설정했다. 이는 시스템 참여자들에게 검증 작업에 대한 동기를 부여하는 핵심 메커니즘이다. 대가가 있어야 노동을 할 테니 말이다. 이 때문에 '비트코인은 사회적 실험 요소를 가미한 시스템'이라는 평가도 나온다.

앞 칼럼에서 설명한 것처럼 사토시는 중앙 기관의 통제 없이도 안전하게 운영될 수 있는 금융 시스템을 꿈꿨고, 이제 하나의 화폐 체계를 만들어냈다. 이는 전통적인 금융 시스템의 한계를 극복하고 새로운 가능성을 제시한 일이다.

하지만 유력한 사토시 후보로 거론되던 할 피니는 루게릭병을 앓다가 2014년 8월에 세상을 떠났다.

블록체인, 거짓말이 통하지 않는 기술

블록체인의 가장 중요한 특징은 한 번 기록된 정보를 수정하거나 가짜 거래내역을 꾸밀 수 없다는 점이다. 누군가가 같은 거래내역을 두 번 사용해 가짜 내역을 꾸미려 한다고 가정해보자. 이전 거래 기록이 이미 블록체인에 존재하므로 새로운 거래는 승인되지 않고 거부된다. 이런 '불변성'은 시스템의 신뢰성을 보장하는 핵심 요소다.

거래내역을 조작하기 위해서는 비트코인 네트워크의 전체 해시 파워(채굴 연산력)의 51% 이상을 장악해야 한다. 모두가 같은 기록을 보유하고 있기 때문에 적어도 전체 채굴 파워의 절반 이상을 통제해야 거래 승인이 가능하다. 이는 엄청난 컴퓨팅 파워와 전기 비용을 필요로 하기 때문에 사실상 해킹 난이도가 매우 어려워 '해킹 불가능한 기술'이라고 불리기도 한다. 즉 비트코인은 거래 검증 대가로 새로운 코인이 발행되는 체계를 가지고 있다. 이에 블록체인이 멈춘다면 비트코인 발행과 거래도 멈춘다. 블록체인이 없다면 비트코인은 존재할 수 없다는 뜻이다. 이는 블록체인과 비트코인이 얼마나 긴밀하게 연결되어 있는지를 보여준다.

이처럼 블록체인은 비트코인의 근간이 되는 기술이다. 거래 기록 보관과 검증, 새로운 코인의 발행, 이중 지불 방지 등 비트코인 시스템의 핵심적인 기능들을 가능케 한다. 이러한 혁신적인 기술을 통해 비트코인은 최초로 성공한 가상자산으로 자리매김할 수 있었다.

코린이에게 필요한 비트코인 기초 상식

탈중앙화라는 단어가 자꾸 보여요.
왜 중요한가요?

비트코인 창시자 사토시 나카모토는 중앙은행의 통제를 받지 않고 개인 간의 참여로 운영되는 화폐 시스템을 꿈꿨다. 그래서 '탈중앙화'라는 개념을 제시했다. 하지만 모든 일에는 장단이 있다. 탈중앙화도 마찬가지다.

비트코인과 블록체인에 대해 이야기하다 보면 빠짐없이 '탈중앙화'라는 단어가 등장한다. 탈중앙화는 중앙기관이 존재하지 않는 거래 시스템이다. 네트워크에 참여하는 모든 사람이 거래내역을 함께 검증하고 기록을 보관한다. 넓은 범위의 개인 간 거래라고 할 수 있다. 은행이 시스템에 따라 모든 거래와 자산을 관리하는 것과는 정반대의 개념이다.

하지만 중개자 없이 거래하기는 쉽지 않다. 모르는 사이에 어떻게 상대방을 믿고 거래할 수 있을까? 거래가 성립되었다는 것은 누가 증명해줄까? 블록체인은 탈중앙화가 가진 이런 의문을 보완해준다.

신뢰가 없어도 돈을 건넬 수 있는 사이?

'가족과 친한 친구 사이에도 금전거래는 하지 말라'는 말이 있다. 그동안 쌓아온 믿음과 신뢰를 무너트릴 수 있는 것이 금전거래다. 하지만 블록체인 생태계에서는 생판 모르는 사람에게 돈을 빌려주기도 한다. 이에 블록체인을 다른 표현으로 '신뢰가 필요 없는(Trustless)' 기술이라고 설명하기도 한다.

신뢰는 우리의 금융생활에서 매우 중요한 한 축이다. 은행에 돈을 예금할 때 가장 중요한 건 무엇일까? 바로 신뢰다. 은행이 내 돈을 안전하게 보관해줄 것이라는 신뢰를 전제로 저축을 한다. 금융 상품을 가입할 때도 마찬가지다.

투자자 성향에 따라 '믿을 만한' 상품을 선택하는 경우가 대부분이다. 반대로 은행은 고객의 신용도를 평가한다. 대출을 해주면서 이 사람이 돈을 제때 갚을 수 있는 사람인지 확인한 후 승인 여부와 대출 한도를 결정한다. 상호 간의 신뢰 없이는 금융 시스템이 작동하지 않는다.

하지만 탈중앙화를 전제로 한 블록체인 네트워크에서는 신뢰가 크게 중요하지 않다. 심지어 거래 상대방이 누구인지 알 필요도 없다. 대출을 받기 위해 재직 증명서, 소득 증명서 등 각종 서류를 제출해야 하는 전통금융 체계와는 많이 다르다.

대신 기술 그 자체를 믿는다. 상호 신뢰가 전혀 없더라도 기술이 알아서 거래가 가능한 환경을 구현해준다. 하나의 거래내역을 불특정 다수의 검증인이 나눠 보관하면서 누군가 거짓말을 하지 못하게 만든다.

자산을 책임져주는 사람도 없다

탈중앙화는 양날의 검이다. 은행이나 정부와 같은 중앙 기관의 통제에서 벗어나 자유롭게 자산을 관리할 수 있다는 장점이 있지만 그만큼 큰 책임이 따른다. 비트코인과 블록체인 기술에 대해 공부하기 전에 꼭 알아둬야 하는 중요한 포인트다.

어느 날 은행계좌 비밀번호가 갑자기 생각나지 않는다고 가정해보자. 당장은 당황스럽겠지만 큰 문제는 없다. 번거롭긴 하지만 신분증을 챙겨 은행을 방문해 본인임을 증명하면 다시 비밀번호를 설정할 수 있다. 범죄에 연루된 것이 아닌 이상, 계좌가 동결되어 장기간 돈을 찾을 수 없다거나 하는 일은 전산이 현대화된 지금은 발생하지 않는다. 은행이 지급불능 상태가 되어도 예금자보호법에 따라 5천만 원까지 배상받을 수도 있다.

하지만 비트코인은 코인을 저장해둔 개인지갑(하드디스크 & 지갑주소) 혹은 접근 가능한 비밀키를 잃어버리면 그 누구도 도와줄 수 없다. 은행계좌, 포털 아이디를 만들 땐 신원인증을 하지만 탈중앙화 지갑을 만들 땐 별도의 신원인증을 하지 않는다. 클릭 한 번으로 아이디를 만들 수 있다. 이에 내 지갑이 '내 것'이라고 증명할 수 있는 건 만들 때 설정되는 비밀키뿐이다. 그래서 이 키를 잃어버릴 경우 영원히 코인을 되찾을 수 없다. 이러한 특징은 비트코인 관리에 있어 엄청난 책임감을 요구한다.

가상자산거래소에만 코인을 보관하고 있다면 예외다. 이는 거래소 지갑에 우리 코인을 위탁 보관중인 것이므로 거래소가 해킹을 당하거나 사고를 당하는 것이 아니라면 계정을 잊었어도 다시 신원인증을 통해 자산을 찾을 수 있다. 하지만 거래소에서 외부 지갑으로 코인을 입출금할 때는 조금의 실수로도 자산이 사라질 수 있기 때문에 반드시 주의해야 한다.

쓰레기 더미에서 '보물'을 찾는 사람들

'쓰레기장 해적단'이라는 실화 사례도 있다. 비트코인 초창기, 영국에 사는 제임스 하웰스라는 남자는 채굴로 비트코인 8천 개를 모아 본인 하드디스크에 저장해두었다. 그러던 중 집을 청소하다가 실수로 이 하드디스크를 버리고 만다. 언제 잃어버렸는지도 미지수였다. 당시에는 비트코인 가치가 개당 1원에 불과할 때라 보관에 소홀했던 것으로 짐작된다.

그의 하드디스크는 영국 뉴포트 어딘가의 쓰레기 매립지에 묻혀 버렸다. 이후 2013년 비트코인 가격이 10만 원까지 상승하자, 하웰스는 비트코인을 담아둔 하드디스크의 존재가 생각났지만 이미 그의 손을 떠난 지 오래였다.

비트코인 시세가 개당 1억 5천만 원을 돌파한 지금, 그가 잃어버린 비트코인 8천 개의 시가는 1조 원을 호가한다. 어마어마한 가치 때문에 그 하드디스크 하나를 찾아보고자 쓰레기 매립장을 뒤지러 오는 해적단이 존재할 정도다. 이처럼 비트코인이 제시한 탈중앙화는 새로운 형태의 금융 시스템을 가능하게 했지만, 동시에 우리에게 더 큰 주의와 책임을 요구한다.

'1억 원'이 된 비트코인, 왜 가치가 계속 오를까요?

첫 발행 당시 0원이던 비트코인 가격, 이제는 1억 원을 훌쩍 넘어 최고가 기준 1억 5천만 원을 돌파했다. 실물이 없는 비트코인의 가치는 과연 어디서 오는 것일까? 의심과 믿음이 공존하는 시장이라고 할 수 있다.

피자 두 판과 맞바꾼 비트코인 1만 개

2010년 5월 22일, 비트코인이 처음 실제로 사용되었다. 비트코인을 결제 수단으로 지불하고 물건을 구매했다는 뜻이다.

이날 미국에 거주하는 프로그래머 라스즐로 핸예츠(Laszlo Hanyecz)는 비트코인 1만 개로 파파존스 피자 두 판을 구매했다. 우리가 4,500원을 주고 스타벅스에서 아메리카노 한 잔을 사먹는 것처럼 말이다.

그가 직접 파파존스에 전화해 "피자 두 판 부탁합니다. 결제는 비

라스즐로 핸예츠가 비트코인으로 시켰던 피자 두 판

출처: 비트코인 위키

트코인으로 할게요"라고 했던 건 아니다. 비트코인 온라인 커뮤니티에 피자를 시켜주는 사람에게 1만 개를 전달하겠다는 글을 올렸고, 한 네티즌이 이를 수락해 이루어진 거래다. 네티즌이 대신 피자를 주문해줬고, 핸예츠는 그 네티즌에게 비트코인을 전달했다. 당시 피자 두 판 값이던 1만 비트코인의 가치는 41달러(약 6만 원) 정도였다. 그리고 2025년 기준으로 그 가치는 무려 1조 원이 훌쩍 넘었다. 이로써 핸예츠는 1조 원으로 피자 두 판을 사 먹은 남자가 된 셈이다.

코인 시장에서는 비트코인의 첫 실제 사용을 기념하기 위해 매년 5월 22일을 '비트코인 피자데이'로 지정하고 이를 기념하는 각종 이벤트를 개최한다. 핸예츠 본인도 비트코인으로 피자를 주문한 그날의 선택을 후회하지 않는다며 이를 긍정적으로 받아들이고 있다.

6만 원→1조 원, 비트코인의 가치 상승 배경은?

이 시점에서 많은 이들은 "도대체 왜 비트코인의 가치는 가파르게 상승하는가?"라는 질문을 던질 수밖에 없다. 대다수의 분석가는 비트코인의 가치 상승의 비결로 3가지를 꼽는다.

첫째, 비트코인은 '디지털 금'으로 인정받고 있다.

금은 수천 년간 가치를 저장하는 수단으로 사용되어왔다. 지금은 금본위제가 폐지되었지만 달러의 가치를 지탱하는 배경에도 금이 있었다. 비트코인은 이제 주고받는 화폐라기보다는 그 자체로 가치를 머금는 가치저장 수단으로 거듭났다. 특히 정부나 중앙은행이 마음대로 발행할 수 없다는 점이 금과 가장 비슷한 지점이자 장점으로 꼽힌다. 국제 정세가 불안할 때 화폐 가치는 하락하지만 금의 가치는 상승하는 것과 같은 이치다.

둘째, 비트코인의 총 발행량은 2,100만 개로 정해져 있다.

제한된 발행량은 희소성을 보장한다. 이 점 역시 캘 수 있는 양이 한정되어 있어 시간이 갈수록 가치가 오르는 금과 유사하다. 중앙은행이 화폐 발행량을 조정해 가치를 정할 수 없다는 뜻이 된다. 코로나19 팬데믹 이후 전 세계적인 양적완화로 인플레이션 우려가 커지면서 비트코인의 이러한 특성은 더욱 주목받고 있다.

마지막 세 번째는 최근 들어 생겨난 가치 상승 배경 요인인데, 기관투자자들의 유입이다.

비트코인은 탄생 초기만 해도 일부 기술 애호가들의 관심사에 불과했다. 그러나 이제는 테슬라, 마이크로스트래티지와 같은 대기업과 블랙록, 피델리티 등 주요 금융기관의 포트폴리오로 자리 잡았다. 또한 2024년 미국이 비트코인 현물 ETF를 승인하면서 기관, 개인 너 나 할 것 없이 많은 투자자가 더욱 쉽게 비트코인에 투자할 수 있는 길이 열렸다. 접근 장벽이 낮아지면 수요도 높아지기 마련이다. 이 역시 비트코인 가격 상승에 긍정적 영향을 준 사건이다.

비트코인은 2009년 탄생 이후 장기적으로는 가치 우상향 곡선을 그리고 있지만 짧은 구간으로 잘라보면 여전히 큰 폭의 가격 등락을 보이고 있다. 이에 투자 시에는 신중한 접근이 필수다. 비트코인이 새로운 자산으로 자리 잡아가는 과정에서 규제 환경 변화나 시장 상황에 따른 변동성도 함께 살펴봐야 한다.

그동안 비트코인의 가격은 어떻게 상승해왔을까?

비트코인 6만 개를 지불하고 피자 두 판을 사먹었다는 사례에서 알 수 있듯이 초창기에는 비트코인의 가치가 1원 정도에 불과했다. 비트코인은 2010년 10월에서야 100원의 가치를 인정받았다.

2011년에는 비약적인 성장을 이룬다. 4월에 1,000원을 넘겼고 그해 6월에는 '최초의 버블' 평가를 받으면서 가격이 28,000원까지 상승했다. 하지만 호황이 오래가지는 못했다. 계속해서 급격한 우하향

비트코인 가격 장기추이

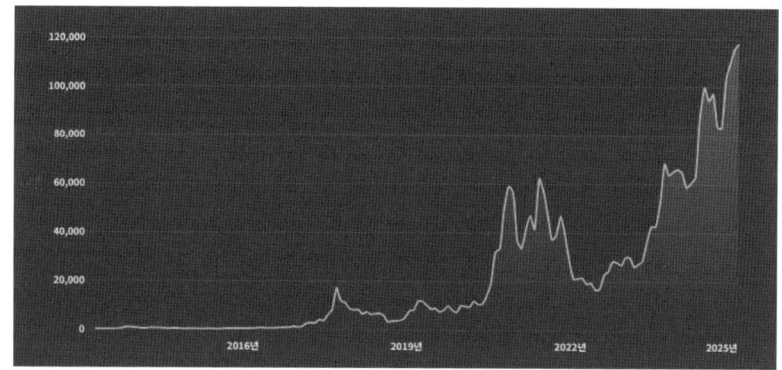

출처: 코인마켓캡(CoinMarketCap)

곡선을 그리더니 9월에는 5,130원까지 하락했다. 11월에는 2,900원 대까지 가격이 밀려났다.

거품이 꺼지면서 비트코인 가격은 다시 완만한 상승곡선을 그렸다. 이때는 처음으로 비트코인 반감기가 진행되던 때였다.

비트코인 블록체인은 4년에 한 번씩 채굴량(블록 생성자에게 보상으로 주어지는 비트코인 수량)이 절반으로 줄어드는 반감기를 겪는다. 2140년까지 약속된 2,100만 개가 모두 채굴될 수 있게 하기 위한 절차다. 새롭게 풀리는 물량이 절반으로 줄어든다는 이야기다.

첫 번째 반감기는 2012년 11월에 진행되었다. 반감기를 앞둔 7월 비트코인은 1만 원을 넘겼고, 이듬해인 2013년 2월 22,000원을 돌파했다. 4월에는 25만 8,000원까지 증가했다.

코린이에게 필요한 비트코인 기초 상식

비트코인은 지금까지 2012년, 2016년, 2020년, 2024년, 이렇게 네 번의 반감기를 겪었다. 가장 최근인 2024년은 사례가 아직 부족하지만, 이를 제외한 나머지 세 번의 반감기는 반감기 1년 후 가격이 폭등하는 사이클을 연출했다.

두 번째 반감기는 2016년 7월이었다. 2016년 상반기 50만 원대에서 횡보하고 있던 비트코인 가격은 반감기 직후인 7월, 74만 원까지 상승했다. 그 다음해인 2017년은 대중에 비트코인이라는 이름이 알려진 '비트코인 붐' 시기다. 우리 모두 알다시피 비트코인 가격은 수직 상승을 거듭하면서 2,500만 원을 돌파한다.

붐이 꺼지면서 비트코인 가격은 다시 300만 원대까지 하락한다. 2,500만 원에서 380만 원이 되다니, 실로 어마어마한 하락이 아닐 수 없다. 이때 비트코인을 비롯한 가상자산은 '이제 끝'이라는 이야기가 나오기까지 했다. 하지만 이번에도 '반감기의 마법'은 통했다.

세 번째 반감기는 2020년 5월 이루어졌다. 반감기 이후 비트코인 가격은 1천만 원을 돌파했다. 이후 코로나19의 양적완화와 반감기가 맞물리면서 가격이 순식간에 상승했다. 2020년 12월, 비트코인은 2,500만 원 선에서 거래되고 있었다. 이는 이전 고점을 회복한 수준이다. 이때도 비트코인 가격이 많이 올랐다는 이야기가 곳곳에서 들렸다. 하지만 상승세는 계속되었다. 2021년 1월 4,800만 원, 2월 6,500만 원, 4월에는 8,200만 원을 찍었다.

최고점을 경신한 후에는 다시 하락 그래프를 그리기 마련이다.

2022년 6월 비트코인은 2,380만 원까지 밀려났다. 같은 해 11월부터는 2,100만 원 선에서 거래되기도 했다.

다행히 하락세를 멈춘 비트코인은 2023년 들어 다시 상승세를 그리기 시작했다. 4천만 원까지 가격을 회복한 후 한동안 이 가격에서 박스권을 형성했다.

그러던 중 이번에는 미국의 비트코인 현물 ETF가 호재로 떠올랐다. 오랜 기간 가상자산 시장은 비트코인 현물 ETF 승인을 기다려왔다. ETF는 '상장지수펀드'로 특정 주식이나 채권 등의 가격을 추종하는 간접투자 상품이자 증권의 한 유형이다. 펀드인 ETF의 지분은 주식처럼 증권거래소에 상장되고 거래소에서 이를 구매할 수 있다. 단일 종목에 투자하는 것이 리스크가 있다고 판단될 때 ETF 투자를 선택한다.

비트코인 현물 ETF가 나온다는 건 고객이 ETF를 매수할 때마다 실제 펀드에 들어 있는 만큼의 비트코인 지분을 갖게 된다는 뜻이다. 기관과 개인 모두 접근 가능한데, 투자자가 직접 비트코인을 보유하는 부담은 낮추면서 증권사 앱 등에서 바로 거래할 수 있기 때문에 비트코인에 상당한 호재가 될 것으로 여겨졌다.

실제로 2024년 1월, 비트코인 현물 EIF 승인 후 비트코인 가격은 수직 상승하면서 같은 해 3월에 마의 벽 같던 1억 원을 돌파한다.

그리고 그해 반감기와 미국 대선 이슈가 겹쳤다. 트럼프 미국 대통령은 당선 이후 비트코인을 전략자산으로 비축한다는 파격적인 공약을 내거는 등 '친 가상자산' 행보를 보여왔다.

  이에 12월, 비트코인 가격은 1억 5,700만 원까지 올랐다. 트럼프 대통령 취임에 따른 기대감이 절정에 달한 2025년 7월에는 1억 6,800만 원을 기록하면서 최고가를 경신하기도 했다(글로벌 가격 기준으로는 2025년 7월 14일 기록한 12만 3,091달러가 역대 최고가다).

 막간 코너

블록체인이 해킹당했다는 뉴스를 봤는데요?

블록체인을 처음 접하는 사람들이 가장 많이 혼란스러워하는 부분 중 하나는 '블록체인은 해킹이 불가능하다'라는 말과 '해킹 사고'라는 뉴스 헤드라인이 보여주는 모순이다.

블록체인은 정말 해킹이 불가능한가?

이론적으로는 블록체인 네트워크의 51% 이상 컴퓨팅 파워를 장악하면 거래 기록을 조작할 수 있다. 하지만 대형 블록체인 네트워크에서 51% 컴퓨팅 파워를 확보해 네트워크를 해킹하기는 비용·자원 면에서 현실적으로 매우 어렵다. 대형 블록체인에서는 모든 거래 기록이 수천, 수만 대의 컴퓨터에 동시에 저장된다. 그래서 분산원장이라고도 한다. 네트워크의 과반수 합의를 통제하지 않는 한, 거래내역 수정 변경이 불가능하다. 실제로 비트코인 네트워크는 해킹된 적이 없다. '해킹이 불가능한 기술'이라고 불리는 이유다.

그렇다고 해서 '블록체인 기술이 100% 해킹에서 자유롭다'라고 공언할 수는 없다. 참여자가 많지 않은 신생 블록체인은 해킹 공격에 취약할 수 있다. 대표적인 사례가 2016년 발생했던 이더리움 '더 다오(The DAO) 해킹'이다. 당시 이더리움은 신생 블록체인에 가까웠다.

해킹 대상이 된 더 다오는 이더리움 블록체인 참여자들이 만든 탈중앙화 투자집단이었다. LP들이 돈을 모아 투자를 집행하는 하나의 펀드와도 같은 형식이었다. 참여자들이 투표를 통해 투자 대상을 결정하는 탈중앙화 투자 구조를 설계했다. LP는 Limited Partner의 줄임말로, 투자조합이나 펀드 등에 출자해 자금을 제공하는 투자자를 의미한다. 우리말로는 유한책임사원이라고도 불리며, 투자한 금액만큼만 책임을 지는 특징을 가지고 있다.

하지만 해커의 공격을 받으면서 블록체인 역사상 큰 사건을 남긴다. 당시 해커는 스마트 컨트랙트 코드의 취약점을 악용해 이더리움 360만 개를 탈취했다. 모았던 투자금의 30%에 달하는 거액이었다. 스마트 컨트랙트에는 출금 함수가 실행될 때 잔액이 즉시 업데이트되지 않는 치명적인 결함이 있었는데, 해커는 이를 파악하고 반복해 출금을 단행했다. 이더리움 커뮤니티에서는 이 사건을 어떻게 처리할지 갑론을박이 오갔다. 한쪽의 주장은 블록체인의 불변성을 지켜 거래기록을 그대로 유지해야 한다고 것이었고, 나머지 한쪽은 탈취된 자금을 무효화하는 '롤백'을 진행하고 새로운 블록체인을 만들자는 것이었다. 이에 결국 이더리움 블록체인은 두 갈래로 나뉘었다. 기존 체인은 '이더리움 클래식'으로 남았고 '이더리움'이라는 명칭은 새로운 블록체인이 가져갔다. 소위 말하는 '하드포크(hard fork)'였다.

뉴스에 나오는 해킹은 무엇인가?

가상자산 관련 해킹 뉴스에 나오는 대다수 사례는 블록체인 자체가 아닌 전자지갑이 해킹을 당해 발생하는 사고다. 이 중 가장 흔하게 접하는 사고는 가상자산거래소 해킹이다. 해커가 거래소의 취약점을 노려 거래소 지갑의 비밀키(Private Key)를 탈취해 그 안에 담긴 코인을 훔쳐가는 것이다. 비유하자면 한국은행의 시스템은 안전하지만 지폐를 보관하고 있는 한 은행 지점의 금고에 강도가 든 셈이다.

여기서 알 수 있듯 비밀키가 유출되면 지갑 안에 들어 있는 가상자산을 빼앗을 수도, 빼앗길 수도 있다. 블록체인 자체의 취약점이라기보다는 보안 문제에 가깝다.

'알트코인'은 가상자산을 접할 때 꼭 알아두어야 하는 단어다. 비트코인을 제외한 다른 코인을 우리는 알트코인이라고 지칭한다. 시장에 출시된 수천 개의 알트코인 중 시가총액 상위권에 안착해 있는 대표적인 알트코인들은 무엇인지 알아보자.

2장

코린이에게 필요한 알트코인 기초 상식

이더리움이 가상자산의 새 시대를 열었다는 건, 어떤 뜻인가요?

가상자산 시가총액 2위 자리에 올라 있는 이더리움은 명실상부한 알트코인 대장주다. 시장에서는 2세대 블록체인 시대를 연 장본인으로 이더리움의 가치를 높게 평가한다. 이런 평가가 나오는 이유에 대해 알아보자.

스마트 컨트랙트의 탄생

우리는 비트코인, 이더리움과 같은 블록체인을 '메인넷'이라고 부른다. 뒤에서 더 자세히 설명하겠지만, 메인넷은 하나의 거대한 블록체인 생태계라고 해석할 수 있다. 아이폰의 iOS, 갤럭시의 안드로이드, 마이크로소프트의 윈도우처럼 말이다.

비트코인과 이더리움은 서로 다른 2개의 메인넷 블록체인이다. 그리고 각자의 블록체인 생태계에서 기축통화처럼 작동하는 동명의 코인을 발행했다. 각 메인넷은 개발 시기, 목적 등에 따라 서로 다른

이더리움을 개발한 비탈릭 부테린

출처: 위키피디아

기능을 가지고 있다.

비트코인의 목적이 '송금'이었다면, 이더리움은 '광범위한 블록체인 생태계'라는 큰 가능성을 열었다. 마치 인터넷이라는 기술 아래 여러 웹·앱 서비스가 탄생한 것처럼 블록체인을 하나의 기반 기술로 만들어주었다.

앞에서도 잠깐 언급했지만, 2015년, 천재개발자 비탈릭 부테린이 개발한 이더리움은 블록체인 위에서 다양한 서비스를 구현할 수 있는 '프로그래밍 가능한 블록체인'이다. 이를 가능케 한 것은 '스마트 컨트랙트(Smart Contract)'라는 기술이다. 우리말로는 '자동 계약'이라고 표현하는데, 미리 설정해둔 조건이 충족되면 특정 행동을 하도록 실행하는 블록체인 프로그램 코드다.

1세대와 2세대 블록체인은 스마트 컨트랙트 그 이전과 이후로 나뉜다. 예를 들어 물건을 구매할 때, 구매자가 돈을 보내면 자동으로 판매자에게 대금이 전달되도록 설정할 수 있다. 이런 자동 계약은 중개인 없이도 안전한 거래를 가능하게 한다. 스마트 컨트랙트는 한번 블록체인에 기록되면 수정이 불가능하고, 조건이 맞으면 반드시 실행되기 때문에 신뢰성이 매우 높다.

스마트 컨트랙트를 구현해둔 덕분에 탈중앙화의 개념인 '신뢰 없이도 거래를 체결할 수 있는 서비스'를 만드는 것이 가능해졌다. 탈중앙금융(디파이·DeFi)이 가장 대표적인 예시다.

블록체인 '서비스' 탄생을 이끈 이더리움

은행은 고객 신용을 평가해 누군가가 대출 승인을 내리지만, 디파이에는 이렇게 의사결정을 내리는 결정권자가 없다. 미리 설정해놓은 조건값에 따라 시스템이 움직인다. 대출은 담보물을 가진 투자자라면 누구나 받을 수 있다. 만약 투자자가 대출금을 상환하지 않을 경우 시스템이 담보를 청산해 대출을 갚아버리는 구조다. '이더리움 가격이 500만 원에서 20% 이상 하락하면 담보물을 청산해줘' 같은 식이다.

게다가 이 스마트 컨트랙트는 누구나 만들 수 있다. 물론 프로그래밍 지식을 가진 개발자여야 하겠지만 말이다. 개발자들은 이더리움 네트워크 위에서 자신만의 토큰을 만들거나 다양한 서비스를 구현할 수 있다. 이는 마치 스마트폰에서 누구나 앱을 만들어 배포할 수 있는 것과 비슷하다. 블록체인 업계에서는 메인넷 기축통화를 '코인'이라 부르고, 메인넷 생태계 안에서 개발된 프로젝트에서 사용하기 위해 나온 가상자산을 '토큰'이라 부른다.

이더리움 네트워크라는 운영 체계 안에서 무수히 많은 애플리케이션이 실행될 수 있다. 특히 'ERC-20'이라는 표준화된 토큰 발행 방식은 블록체인 시장의 발전을 가져왔다. 누구나 손쉽게 자신만의 토큰을 만들 수 있게 되었고, 수많은 블록체인 프로젝트들이 이더리움 위에서 시작되었다.

마치 http 표준을 활용해 웹사이트를 만드는 것처럼 간단하게 새로운 가상자산을 만들 수 있는 시대가 열렸다. 이더리움의 등장으로 단순 화폐 개념을 넘어 서비스를 구현하는 하나의 기반 기술로 블록체인이 인정받기 시작했다.

하지만 이더리움도 기술적 한계에 직면했다. 거래량과 네트워크 사용이 늘어나면서 트랜잭션이 블록에 담길 때 지급하는 비용인 거래 수수료가 급증했고, 채굴 과정에서 발생하는 높은 에너지 소비가 문제로 지적되었다. 특히 2021년에는 네트워크 혼잡으로 인해 간단한 거래에도 수백 달러의 수수료가 필요한 상황이 발생하기도 했다.

이런 일이 일어난 후 이더리움은 2022년 9월, '머지(Merge)'라는 대대적인 업그레이드 작업을 추진했다. 비트코인과 동일한 채굴 형태인 '작업증명(PoW)' 방식에서 '지분증명(PoS)' 방식으로 코인 발행 형태를 변경했다.

또한 이더리움의 생태계를 지지해줄 레이어2 블록체인들이 나오고 있다. 이미 블록체인 시장에서 이더리움은 대체할 만한 것이 없을 정도로 그 규모가 성장해버렸다. 이를 버리고 새로운 블록체인으로 갈아타는 것은 모험이다. 이에 레이어2 블록체인의 경우, 대부분 거래는 자체 체인에서 처리하고, 중요한 거래만 계속 모아 한 번에 이더리움으로 전송한다. 그 덕에 이더리움 혼잡도를 줄이고 거래 수수료도 낮출 수 있었다.

늘 이더리움 대체설, 위기설 등이 등장하고 있지만 그에 맞춰 이더리움 생태계도 변화를 늦추지 않고 있다. 그런 만큼 완벽하게 이를 대체할 새로운 블록체인이 나오려면 오랜 시간이 걸릴 것으로 보인다.

 막간 코너

작업증명(PoW), 지분증명(PoS)이 뭐죠?

블록체인에서 새로운 거래내역을 기록하고 검증하는 방식은 여러 가지가 있다. 이런 검증 방식을 '합의 알고리즘'이라고 부른다. 단순히 검증만 할 뿐 아니라 블록체인 기능 업데이트 등 중요한 의사 결정을 할 때도 검증인의 역할이 중요하기 때문이다.

대표적인 합의 알고리즘 2가지를 꼽는다면, 작업증명(PoW)과 지분증명(PoS)이다. 작업증명은 비트코인이 사용하는 방식이다. 우리에게는 '채굴'이라는 용어로 잘 알려져 있다. 컴퓨터로 매우 어려운 수학 문제를 푸는 사람에게 새로운 거래를 기록할 권한과 보상을 주는 방식이다.

쉽게 말해, 더 강력한 컴퓨터로 더 열심히 일한 사람이 당첨될 확률이 높아진다. 마치 아파트 관리인을 뽑을 때 체력 테스트를 해서 가장 힘이 센 사람을 뽑는 것과 비슷하다. 하지만 이 방식은 전기 소모량이 많고, 발행 개수가 줄어든다면 한 개를 채굴하는 데 더 많은 비용을 써야 한다는 단점이 있다.

지분증명(PoS)은 에너지 소비가 큰 작업증명(PoW)의 단점을 보완하기 위해 고안된 합의 방식이다. 이 방식에서는 네트워크에 가상자산을 일정량 이상 스테이킹(예치)한 참여자에게 블록을 검증할 수 있는 기회가 더 많이 주어진다.

비유하자면, 아파트 단지에서 더 많은 평수를 가진 주민이 관리인 선발 투표에서 더 많은 지분을 행사하는 구조와 비슷하다. 그리고 많은 자산을 스테이킹한 검증자가 악의적인 행동을 할 경우 자신의 자산에 악영향을 주는 구조로 설계되어 있다. 자신의 이익에 해가 되는 행동을 할 사람은 극소수일 것이다. PoS 구조에서도 네트워크의 안정성을 유지할 수 있는 이유다.

다만, 자산을 많이 보유한 참여자에게 검증 권한이 집중될 수 있다는 구조적인 우려는 PoS에 대한 꾸준한 논점 중 하나다. 두 방식 모두 장단점이 있지만, 최근에는 환경 문제와 에너지 효율성 때문에 많은 블록체인들이 지분증명(PoS) 방식을 선호하는 추세다. 이더리움도 2022년에 작업증명에서 지분증명으로 발행 방식을 전환했다.

한국인은 리플(엑스알피)을 왜 그렇게도 좋아하나요?

상승장에서 비트코인, 이더리움을 제치고 거래량 1위를 차지한 코인인 엑스알피! 우리에게는 리플이라는 이름으로 친숙한 가상자산이다. '리또속'이라는 시장의 거대한 밈을 만들어낸 엑스알피를 한국인은 왜 좋아할까?

유독 한국에서만 비트코인보다 더 사랑받는 코인이 있다. 바로 엑스알피(XRP)다. 엑스알피라는 단어가 어색한 투자자들도 있을 것이다. 개발사인 리플랩스는 리플은 기업명이며 코인명은 엑스알피로 정정해야 한다는 캠페인을 벌이고 있다. 종전에 불리던 리플과 관계된 미국 증권거래위원회(SEC)와의 증권 소송을 계기로 '권유 주체'로 오인되지 않으려는 의도도 있었다.

이에 따라 국내 주요 가상자산거래소도 리플의 명칭을 엑스알피로 변경하고 있다. 거래소가 코인명을 바꾼 만큼 이 책에서도 엑스알피라고 부르겠다.

한 번은 들어봤을 '가즈아' '리또속'

엑스알피는 2017년 '가즈아' '리또속' 등의 신조어를 만들어내면서 국민적 관심을 받았다. 엑스알피는 사실 용처가 명확한 코인이다. 2012년 크리스 라센(Chris Larsen)과 제드 맥케일럽(Jed McCaleb)이 만들었다. 두 사람은 기존 금융 시스템의 비효율을 개선하고자 엑스알피를 만들었다. '국제 송금에 특화된 코인'이라는 것이 가장 큰 특징이다.

해외 은행 계좌로 돈을 보낸다고 상상해보자. 송금에만 며칠이 꼬박 걸린다. 송금 받을 은행, 스위프트 코드, 계좌번호, 심지어 계좌를 개설한 지점까지 알아야만 돈을 부칠 수 있다. 수수료도 적지 않다.

리플랩스는 이런 국제 송금의 불편함을 해결하고자 엑스알피를 만들었다. 가상자산을 통해 전 세계 어디서나 3초면 자금을 주고받는 시스템을 구축하는 것이 목표다. '국제송금을 위한 코인'이라는 목적하에 다른 가상자산과는 차별화된 계획을 짰다.

먼저, 비트코인에는 존재하는 채굴 과정이 엑스알피에는 없다. 1천억 개를 처음부터 발행 완료했다. 하지만 시장에 한 번에 풀린 건 아니다. 운영사인 리플이 사전 발행된 코인을 보유하고, 유통하면서 필요에 따라 관리한다.

또한 빠른 송금이 목적이기 때문에 탈중앙화에만 중점을 두지 않는다. 금융기관의 간섭에서 멀어지고자 한 비트코인과 달리 금융기관과의 적극적 협업을 도모하고 있다.

1세대 가상자산인 엑스알피는 꾸준하게 성장해 시가총액 상위권을 유지하고 있다. 2025년 1월 기준으로 가격은 어느덧 3,000원을 넘었고, 전체 시가총액은 193조 원을 돌파했다. 불과 몇 달 전까지는 700원짜리 동전주에 불과했는데 말이다. 엑스알피는 비트코인, 이더리움에 이어 전체 가상자산 시총 5위권에 안착한 상태다.

한국에서 사랑받는 미국 코인, 그 비결은 뭘까?

그렇다면 한국인은 왜 엑스알피를 좋아할까? 국제 송금이라는 본연의 목적이 한국인의 마음을 저격한 걸까? 꼭 그렇지만은 않아 보인다. 여러 분석이 있지만 과거 저렴했던 개당 가격이 한몫했다는 설이 가장 큰 지지를 얻고 있다. 2017년 한창 비트코인이 붐이던 당시 엑스알피 가격은 몇백 원에 불과했다. 투자자들이 동전주를 구매하는 이유는 '변동성' 때문이다. 가격이 낮아 몸집이 가볍고, 가격이 더 빠르고 큰 폭으로 오를 수 있다는 기대감이 있다. 주식시장에서 코스닥에 투자하는 이유와 유사하다.

안 그래도 변동성이 큰 코인시장에서 유독 큰 변동성을 보여준 엑스알피는 '잭팟'을 노리는 투자자들의 선택을 받았다. 당시 가격이 국내서만 5,000원을 돌파했던 이유도 이 때문이다. 급등하다가 다시 급락하는 패턴도 자주 그려서 국내에서 '리플에 또 속냐'라는 의미의 '리또속'이라는 유행어가 널리 퍼지기도 했다.

최근 들어서는 한동안 '증권성 논란'에 휘말리며 부침을 겪다가 부활했다는 점도 폭발적인 성장의 배경이 되었다. 2020년 12월, 미국 SEC는 운영사인 리플사가 미등록 증권인 엑스알피를 판매했다며 소송을 제기했다. 증권성(투자 계약성)을 판단하는 기준인 하위테스트(Howey test)에 부합한다는 것이 SEC의 주장이었다. "① 투자자들이 돈을 투자했고 ② 이 돈이 공동사업에 쓰였으며 ③ 리플의 노력과 사업 방향이 엑스알피 가격에 영향을 미친다면 이는 증권"이라는 설명이다.

만약 미 법원이 엑스알피가 증권이라는 해석을 내렸다면 주요 가상자산거래소에서 상장 폐지까지 당할 수 있었던 큰 이슈였다. 하지만 장기간 법정소송을 이어오던 2023년 7월, 리플은 SEC와의 소송에서 부분적 승리를 거두었다. 법원은 기관투자자에게 계약을 기반으로 판매된 것이 아닌 일반 투자자들이 시장에서 매매하는 엑스알피는 증권이 아니라고 판단했다.

이 소송 결과를 바탕으로 리플은 금융기관과 협업을 늘려가며 사세를 확장중이다. 아직 리플과 엑스알피를 둘러싼 논란이 완전히 해소된 것은 아니다. 여전히 몇 가지 과제를 안고 있다. 가장 큰 비판은 '중앙화'다. 여타 블록체인, 가상자산에 비해 발행사가 쥐고 있는 권한이 너무 막강하다는 시각이 지배적이다. 리플이 보유한 대량의 엑스알피가 풀렸을 때 시장에 미칠 영향에 대한 우려도 있다.

실제로 창업자인 제드 맥케일럽은 퇴사할 때 받았던 90억 개 엑스알피를 시장에 꾸준히 매도했었다. 리플 재단이 필요에 따라 엑스알피를 직접 매도하기도 한다. 시장가격에 큰 영향을 줄 수 있는 이슈인 만큼 꾸준한 모니터링이 필요하다.

'스테이블 코인'은
왜 가치가 변하지 않죠?

변동성이 심한 코인시장에서도 가격이 변하지 않는 코인이 있다. 그것은 바로 '스테이블 코인'이다. 점점 미 달러 간접투자, 시세 변동 헷징 수단 등으로 스테이블 코인을 구매하는 투자자가 늘고 있다.

가격 변동성이 없는 코인, 왜 사는 걸까?

세상에는 수많은 투자 자산이 존재한다. 은행 예적금 상품에 가입해 안정적인 이자 수익을 받을 수도 있고, 더 큰 투자 수익을 노리는 경우 주식 혹은 파생상품을 선택하기도 한다. 여기에 부동산까지, 수많은 투자 선택지 중에서 가상자산에 자금을 투입하는 이유는 무엇일까?

아마 변동성 때문일 것이다. 가상자산은 그 어떤 자산보다 가격 변동성이 크다. 이는 큰 수익을 낼 기회가 열려 있다는 뜻이다. 이런 특성 때문에 일각에서는 투기가 아니냐는 우려 섞인 시선으로 바라보기도 한다. 반대로 생각해보면 자산을 크게 잃을 수 있다는 뜻도 되기 때문이다.

하지만 가상자산이라고 해서 모두 변동성이 큰 것은 아니다. 가격을 일정 수준으로 유지하는 코인이 있다. 바로 '스테이블 코인'이다. 영단어 뜻 그대로 '안정적인 코인'이다. 법정화폐와 가치가 1:1로 고정되어 있는 가상자산을 지칭한다. 주로 미국 달러와 1:1 비율로 가치를 유지한다. '1스테이블 코인=1달러'라는 뜻이다.

그렇다면 투자 수익을 기대하기 어려운 스테이블 코인을 사는 사람들의 목적은 무엇일까? 국내에서 스테이블 코인을 구매하는 가장 큰 이유는 '환차익'이다. 달러를 직접 보유하지 않더라도 환차익 이익을 간접적으로 누릴 수 있기 때문이다. 원-달러 환율이 1,300원일 때 테더를 구매한 투자자가 있다면, 이 사람은 환율이 1,440원까지 오르면 140원의 이익을 얻는다.

해외 가상자산거래소를 이용하기 위해 스테이블 코인을 구매하는 투자자도 많다. 해외 거래소는 원화 거래를 지원하지 않는다. 원화가 아닌 가상자산을 송금해 또 다른 코인을 구매해야 하는데, 전송하는 그 시간에도 가격 변동이 발생할 수 있다. 이에 늘 '1달러'라는 가격을 유지하는 스테이블 코인을 전송해서 거래를 진행하는 투자자가 많다.

담보로 가치를 유지하는 스테이블 코인

스테이블 코인은 담보 방식에 따라 크게 3가지로 나뉜다. 첫째, 법정화폐 담보형이다. 시장에서 가장 많이 사용하는 테더(USDT)와 유에스디코인(USDC)이 대표적이다. 이들의 운영사는 발행한 코인 수량과 일치하는 가치의 미국 달러 혹은 가치 변동성이 거의 없는 국채를 보유하고 있다.

둘째, 가상자산 담보형이다. 담보로 또 다른 종류의 코인을 보유하면서 달러와 가격이 연동되도록 유지한다. 가격이 시시각각 바뀌는 가상자산을 어떻게 담보물로 책정해두는지 언뜻 이해가 안 된다. 사례를 통해 이에 대해 알아보자.

가상자산 담보형 중 가장 유명한 코인은 다이(DAI)다. 담보물은 이더리움이다. 만약 사용자가 현 시세 1,500달러 상당의 이더리움을 맡기면, 시스템은 한 개당 1달러의 가치를 지닌 다이 1천 개를 발행한다. 현 시세 기준 1,500달러의 담보를 맡겼는데 1천 달러만 받았다는 것은 담보 비율이 150%라는 뜻이다. 가상자산 담보형 스테이블 코인의 경우 시세 변동에 대비하기 위해 실제 발행 가치보다 더 많은 양의 가상자산을 '초과담보'하도록 사전에 스마트 컨트랙트를 설정해둔다.

만약 이더리움 가격이 크게 하락해 담보 가치가 위험 수준까지 떨어지면, 시스템은 자동으로 담보물을 청산하고 시장에서 다이를 회수한다. 시장 유통물량을 조절하면서 가치를 유지하는 셈이다. 하지만 초과담보 시스템은 자본 효율성이 떨어지고 가상자산 급락장에서는 변동성 대응에 매우 취약하다는 단점이 있다.

시장 원리에 기댄 알고리즘형 스테이블 코인

- 세 번째 유형은 알고리즘형이다. 담보 대신 수학적 알고리즘을 통한 가격 유지를 목표로 한다. 대표적인 사례는 수조 원의 피해를 입힌 부정적 사건으로 유명해진 '테라-루나'다. 테라USD(UST)는 늘 1달러의 가치를 유지해야만 하는 스테이블 코인이었다. 가격은 짝꿍 코인인 루나와 테라를 교환하는 방식으로 유지했었다.

코인 교환창구를 생각하면서 알고리즘형 스테이블 코인을 이해해보자. 1달러에 고정되어야 할 테라가 1.2달러에 거래되고 있다. 이 경우 루나 1.2달러어치를 가진 사람은 이 루나를 소각하고 테라 한 개를 받을 수 있다. 시장에서 1달러짜리를 1.2달러에 팔아 0.2달러의 차익을 얻을 수 있으니 교환하지 않을 이유가 없다.

반대로 테라가 0.8달러에 거래된다면? 똑같이 테라 한 개를 시스템에 주고 1달러어치 루나를 받을 수 있다. 테더는 0.8달러에 샀는데 1달러짜리 루나를 받아 0.2달러의 이익을 남길 수 있다. 운영사인 테라폼랩스는 이렇게 테라-루나 간 교환이 상시로 이루어지게 하면서 테라 값을 1달러에 근접하게 만들고자 했다. 결론적으로 테라와 루나 가격이 모두 급락하면서 이 실험은 실패로 돌아갔다. 교환 비율이 한쪽이라도 무너지면 시스템이 감당할 수 없는 구조다. 마치 은행에서 예금을 하려는 사람은 없고 출금만 원한다면 은행이 뱅크런으로 무너지는 것과 비슷한 원리다.

가상자산 담보형과 알고리즘형 모두 리스크를 안고 있다. 가장 안전하게 가치를 유지하는 방식은 발행량과 동일한 수량의 달러를 보유하는 것뿐이다. 이에 최근에는 법정화폐 담보 코인이 다수의 선택을 받고 있다.

아는 사람들만 알던 스테이블 코인이었지만, 2025년 하반기에 전국적으로 '스테이블 코인' 열풍이 불기 시작했다. 이 열풍은 국내뿐 아니라 해외에서 먼저 시작되었고 국내로 번져온 것이다. 규제의 사각지대에 머물렀던 스테이블 코인이 갑자기 각국 정부와 금융기관의 핵심 의제로 떠올랐다. 스테이블 코인이 전 세계적으로 주목을 받는 이유는 무엇일까? 그 배경에는 미국의 움직임과 이에 대응하는 각 국가의 통화주권 싸움이 있다.

포문을 연 미국 지니어스 법

2025년 7월 18일, 도널드 트럼프 미국 대통령이 지급결제용(payment) 스테이블 코인의 발행 및 운영에 관한 규율 체계를 담은 지니어스 액트(GENIUS Act, Guiding and Establishing National

Innovation for U.S. Stablecoins Act)에 정식 서명했다.

'지니어스 법'이라고 불리는 이 법안은 미국 역사상 최초의 연방 차원 스테이블 코인 규제법이다. 리브라를 위해 만들었던 블록체인 스마트 지니어스 법에서는 스테이블 코인을 '지급과 결제 수단으로 설계되고, 발행자가 법정통화로 전환하는 것을 보장하는 디지털 자산'으로 정의했다. 모든 발행사는 스테이블 코인 수량(가치)과 동일한 안전자산을 담보로 보유해야 한다. 담보가 되는 준비자산도 '현금, 예금, 93일 이내 만기 국채, 머니마켓펀드' 등으로 엄격히 제한했다.

특히 눈여겨볼 점은 발행 주체에 대한 규정이다. 미국 연방정부 또는 주정부의 인가를 받아야만 스테이블 코인을 발행할 수 있다. 또 유통중인 스테이블 코인 총액이 100억 달러(약 14조 원)를 초과할 경우 연방정부의 직접적인 감독을 받아야 한다.

그리고 비금융기업은 원칙적으로 지급결제용(payment) 스테이블코인을 발행할 수 없다. 발행인이 △금융안정성에 위협이 되지 않고 △개인정보 보호 및 끼워팔기 금지 규정을 준수하고 △인증심사위원회의 만장일치 승인을 받은 경우에만 예외적으로 비금융기업의 스테이블 코인 발행을 허용한다.

이는 플랫폼 기업의 시장 독점을 막기 위한 조치다. 전 세계적으로 막대한 사용자를 거느린 거대 플랫폼 기업이 스테이블 코인을 자사 서비스를 기반으로 발행·유통할 경우 시장 독점이 더 심해질 것이라는 우려가 있었다. 통화주권까지 위협할 수 있다는 목소리까지 나왔었다. 이에 페이스북, 인스타그램 등을 운영하는 메타(META)가 스테이블 코인 '리브라'를 발행하려 했다가 미국 정부와 국회의 엄청난 반대에 직면해 포기하기도 했었다.

당시 메타에서 리브라 프로젝트를 진행하던 팀원들은 메타를 떠나 독립했고 각자의 사업을 추진했다. 컨트랙트 언어 '무브(Move)'의 명맥을 이어가기 위함이었다. 그렇게 탄생한 것이 앱토스(APT), 수이(SUI) 등과 같은 코인이다.

스테이블 코인에 엄청난 거부감을 갖고 있던 미국 정부가 스테이블 코인을 제도화하는 법을 만들었다는 것은 의미 있는 변화다. 통화패권국인 미국 금융 인프라의 한 축으로 스테이블 코인이 편입되었고 규제가 만들어짐에 따라 기관투자자들이 스테이블 코인 시장으로 대거 진입할 수 있는 길이 확대되었다.

또한 스테이블 코인의 준비자산으로 달러, 단기국채 등이 지정되었는데, 앞으로 스테이블 코인이 활성화되면 미국채의 수요도 증가해 거시 경제 요인에도 큰 영향을 줄 것으로 관측된다.

원화 스테이블 코인 등장에 대한 기대감

한국에서도 스테이블 코인 논의가 급물살을 타고 있다. 그 배경에는 통화 주권에 대한 우려가 깔려 있다. 달러 스테이블 코인이 글로벌 거래의 표준이 되면 국내 투자자와 기업 역시 거래 과정에서 달러 스테이블 코인을 사용해야 한다. 이 경우 원화의 수요와 영향력이 약화되고, 국내 자본이 디지털화된 달러로 전환되어 해외로 빠져나갈 가능성이 커진다.

이런 위기감 속에서 정부는 원화 스테이블 코인 발행을 허용하기로 결정했다. 스테이블 코인의 정의와 발행 요건을 규정한 법안도 마련할 예정이다.

금융기관들도 발 빠르게 움직이고 있다. 국민은행, 카카오뱅크 등 주요 금융사들이 앞다투어 관련 상표권을 출원하고 있고, 네이버페이, 카카오페이, 비바리퍼블리카(토스) 등 핀테크 기업들 역시 스테이블 코인 상표권을 잇달아 등록하고 있다. 가상자산거래소들도 이 대열에 합류했다. 브랜드를 확보하려는 선제적 움직임이다.

원화 스테이블 코인이 성공할 수 있을까? 이 질문에 대한 답은 '가능'과 '불가능'이 절반으로 나뉜다. 관건은 '사용처 확보'다. 디지털화폐 시대에 통화주권을 지키기 위해 원화 스테이블 코인이 필요하다는 점에서는 모두 공감하고 있지만, 성패 여부에 대해서는 어느 한쪽이 우세한 것이 아닌, 정확히 의견이 반으로 갈리는 중이다.

이런 반응을 이해하기 위해서는 우선 국내 결제 환경을 살펴봐야 한다. 보통 결제 혁신은 세대를 뛰어넘는 경우가 많다. 간편결제가 보편화되어 있는 중국은 신용카드 보편화를 건너뛰고 '현금→간편결제'로 넘어갔다. 이에 스테이블 코인 결제도 카드나 간편결제 인

프라가 부족한 국가 위주로 형성될 것이란 의견이 나온다. 국내는 이미 신용카드부터 간편결제, 그리고 정산 시스템과 수수료, 주기까지 결제의 전주기 시스템이 잘 갖춰져 있어 스테이블 코인의 효용성이 떨어질 수 있다는 지적이다.

또 다른 측에서는 기존에 활성화되지 않은 새로운 시장을 열 수 있다고 보고 있다. 지역화폐, 상품권 등이 대표적이다. 블록체인 기반에서 발행되는 스테이블 코인 형태로 지역화폐나 상품권을 발행한다면 사용처를 쉽게 추적할 수 있고, 상품권을 현금으로 바꾸는 불법 행위인 '상품권 깡'을 차단할 수 있다. 각 지자체별로 산별적으로 발급하는 지역화폐를 한 가지 방식으로 통일하고 결제 플랫폼에서 쉽게 관리할 수 있는 환경도 만들 수 있다. 이에 스테이블 코인을 활용해 내수 경제도 충분히 활성화할 수 있다는 의견이 나온다.

도지코인, 시바이누…
'밈코인'의 정체가 뭐죠?

웃긴 표정을 하고 있는 시바견. 도지코인은 장난삼아 만들어진 '밈코인'이다. 하지만 사람들의 사랑을 받으며 자체 커뮤니티를 형성해 시가총액 10위에 올랐다. 밈코인은 어떤 가치를 지녔으며, 왜 시장에서 인기일까?

'밈(meme)'은 인터넷에서 유행하는 콘텐츠를 뜻한다. 밈코인은 특별한 목적 없이 인터넷 밈이나, 농담에서 출발한 가상자산을 뜻한다. 대통령 선거와 같은 하나의 현상을 기념하기 위해 만들어지는 밈코인도 있다. 도널드 트럼프(Donald Trump) 미국 대통령이 자신의 대선 승리를 자축하며 2025년 1월, '오피셜 트럼프'라는 밈코인을 발행하기도 했다.

이렇듯 밈코인은 단어 뜻 그대로 흥미 위주로 발행되는 코인들이다. 하지만 참여자가 많아지고 생태계가 커지면서 목적을 추가해나가는 밈코인이 생겨나고 있다.

오피셜 트럼프 코인재단의 '파이트 파이트 파이트 카드'

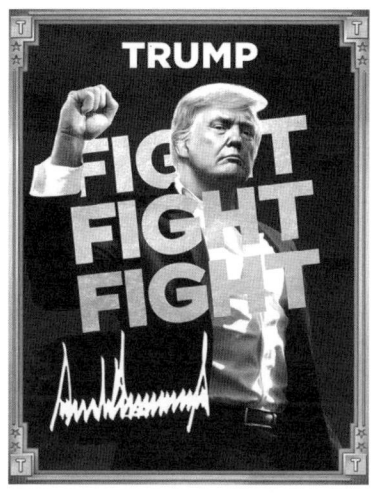

출처: 오피셜 트럼프 홈페이지

밈코인 열풍의 시초, 도지코인

가장 유명한 밈코인은 '도지코인'이다. 테슬라 창업주인 일론 머스크(Elon Musk)가 SNS에서 수차례 언급하면서 일반 대중들도 도지코인을 알게 되었다. 물론 그전에도 코인 업계에서는 꽤 이름을 알린 유명 코인이었다.

비트코인은 중개자 없는 결제 시스템을, 이더리움은 블록체인 기반 서비스를 구현하기 위해 만들어졌다. 즉 각자의 목적을 가지고 만들어진 블록체인 그리고 가상자산이다. 하지만 도지코인은 이런 거창한 목적이 없다. 재미를 추구하기 위해 만들어진 코인이다. 한때 인터넷에서는 놀란 표정을 한 시바이누 강아지 '짤(사진)'이 인기를 끈 적이 있는데, 이 짤을 마스코트 삼아 도지코인이 탄생했다. 도지코인의 슬로건은 '사람들을 웃게 만드는 가상자산 활동'이다.

보면 웃음이 나오는 도지코인은 가상자산 시장에 소소한 재미를 불어넣어주는 존재였다. 그러나 어느새 이 도지코인이 시가총액 상위 10위 안에 진입하는 현상이 벌어졌다. 도지코인을 좋아하는 사람들이 모여 생태계를 발전시켜나간 덕분이다.

발행인인 빌리 마커스(Billy Markus)와 잭슨 파머(Jackson Palmer)는 이미 2014년 도지코인 개발에서 손을 뗐다. 그 이후 불특정 다수의 '기여자'들이 도지코인을 가꿔왔다. 도지코인은 중심 개발자 없이도 커뮤니티의 관심과 일부 유지보수 개발자들의 노력으로 명맥을 이어가고 있다.

도지코인이 성공하자 이를 본딴 밈코인이 우후죽순 시장에 나오기 시작했다. 후발 주자 중에서 가장 이름을 널리 알린 건 시바이누다. 2020년에 등장한 밈코인으로 이름에서 알 수 있듯이 도지코인을 따라한 코인이다. 스스로를 '도지코인 킬러'라고 부르며 등장했다. 도지코인이 시바이누 강아지를 마스코트로 썼다면, 시바이누는 아예 이름 자체를 시바이누로 지었다.

시바이누 역시 예상을 뛰어넘는 성공을 거뒀다. 특히 2021년 가상자산 시장이 활황일 때 큰 인기를 얻었다. 특별한 운영 주체 없이

시바이누 로고

출처: 시바이누 홈페이지

도 하나의 커뮤니티를 형성하며 여러 서비스를 만들어내고 있다. 이는 밈코인도 충성도 높은 커뮤니티만 형성되면 나름의 가치를 인정받을 수 있다는 것을 보여주었다.

믿음이란 씨앗에서 싹을 틔우는 밈코인의 가치

장난으로 발행한, 별다른 활용처도, 가치도 없다고 생각되는 밈코인이 인기를 끄는 이유는 무엇일까? 이유는 제각각이다. 누군가는 그냥 마스코트가 귀여워서, 누군가는 밈이 재미있어서 투자한다고 이야기한다. 일각에서는 밈코인의 엄청난 가격 상승을 목격했기에 투자수익을 올리기 위해 리스크를 감수하고 밈코인을 구매하기도 한다.

여기에 몇몇 밈코인은 탈중앙화 형식으로 불특정 다수 개발자들에 의해 생태계가 발전되기도 한다. 밈코인을 활용한 디파이 서비스 등을 만들어내며 활용처를 창출해내는 것이다. 이런 각각의 이유로 밈코인의 수요가 증가했다. 수요가 커지면 가격이 오르는 것은 당연한 시장 이치다.

혹자는 그 자체로는 가치가 없는 밈코인이 가치를 갖게 되는 과정이 하나의 해학이자 사회현상을 반영한 것이라고 말한다. 가치란 '가치가 있다고 믿는 사람들이 모여 만들어내는 것'이라는 점을 밈코인이 증명했다는 것이다. 금본위제가 폐지된 지 오래지만 사람들이 달러라는 종이에 신뢰를 가지고 가치를 부여하는 것처럼 말이다.

하지만 밈코인에 투자할 때는 늘 주의해야 한다. 매일 수백 개의 새로운 밈코인이 만들어지지만, 대부분은 정말 재미만을 추구하기 위해 발행된 것들이다. 그러므로 미래 가치를 담보할 수 없다. 당장은 인기를 끌어 가격이 오를지 몰라도 장기적 생존 가능성은 미지수다. 또한 밈코인이 인기를 얻자 일각에서는 개발팀이 초기에 대량의 코인을 확보한 뒤 가격이 오르면 한꺼번에 팔아서 도망가는 '러그풀(rug pull)' 사기가 활보하기도 했다.

유명인의 발언이나 SNS 활동에 따라 가격이 크게 출렁이기도 한다. 일론 머스크가 도지코인을 언급할 때마다 가격이 폭등했다가 폭락하는 것만 봐도 알 수 있다.

BNB, 솔라나, 아발란체…
제2의 이더리움인가요?

거래 수수료가 비싸지고 처리 속도가 느려지는 이더리움의 한계를 극복하고자 여러 대체 블록체인들이 등장했다. 이들을 '이더리움 킬러'라고 부른다. 시총 상위권에 안착해 있는 몇 가지 블록체인과 코인을 알아보자.

글로벌 1인자 바이낸스의 야심작, 'BNB'

BNB 체인(옛 바이낸스 스마트 체인)은 세계 최대 가상자산거래소 바이낸스가 만든 블록체인이다. 이더리움과 호환되면서도 더 빠르고 저렴한 거래를 제공한다. 거래 수수료가 이더리움의 1/10 수준으로 저렴하고, 3초 내외로 빠른 거래 처리 속도를 자랑한다.

게다가 활용처도 명확하다. 바이낸스에서 수수료 지불 용도로 사용할 수 있고, 바이낸스가 이익을 낼 때마다 일정 금액을 BNB 코인 소각에 사용한다. 주식시장에서 주주환원책으로 기업이 자사주 매

입 후 소각을 진행하는 것과 유사하다

　BNB 코인의 가격 펀더멘탈은 바이낸스에서부터 나온다. 바이낸스는 2017년 이후 가상자산 전 세계 거래량 1위의 자리를 놓친 적이 없다. 이에 BNB 역시 발을 맞춰 성장했다. 2018년 13달러(약 18,800원)였던 BNB 가격은 2025년 7월 기준 830달러(약 115만 원)를 돌파했다. 아래에 서술할 솔라나와 시총 Top 5 자리를 두고 다투는 대형 코인이 되었다. 하지만 BNB는 바이낸스에 뿌리를 두고 있는 블록체인이라 탈중앙화 특성이 부족하다는 의견도 나온다.

코인이 선택한 솔라나

　그간 '이더리움 킬러'를 자처한 코인들은 셀 수 없이 많았다. 자칭 이더리움 킬러들은 차세대 메인넷으로서 이더리움이 가진 확장성과 수수료의 한계를 극복하고 자체 블록체인 생태계를 구축하겠다는 포부를 내세웠다. 하지만 현실적으로 이더리움을 넘어서는 코인이 등장하기는 쉽지 않았다. "구관이 명관"이라는 말처럼 다수의 블록체인 프로젝트 팀들은 이미 개발자 생태계와 툴링 인프라가 잘 구축된 이더리움을 기반으로 시작하려는 경향이 강했고, 신생 메인넷을 선택하는 사례는 드물었다.

　이런 가운데 혜성처럼 등장한 프로젝트가 솔라나(Solana)다. 솔라나는 빠른 거래 처리 속도를 최대 강점으로 내세웠다. 이더리움 메인넷이 초당 약 15~20건 수준의 거래만을 처리할 수 있었던 데 비해 솔라나는 이론적으로 초당 65,000건(TPS)까지 처리 가능하다고 발표했다. 실제 평균 TPS는 네트워크 상태와 트래픽에 따라 달라지는데, 최근에는 약 2천 건 안팎으로 집계되고 있다.

솔라나의 고속 거래 처리 구조는 특이한 합의 알고리즘 덕분이다. 솔라나는 기본적으로 지분증명(PoS) 기반의 합의 구조를 사용하지만 여기에 PoH(Proof of History, 역사증명)라는 독자적인 보조 기술을 더했다. PoH는 각 거래에 단순히 시간을 '기록'하는 방식이 아니라 해시 연산을 순차적으로 적용해 거래 발생 순서를 암호학적으로 증명하는 방식이다. 이를 통해 검증자들이 거래 순서를 빠르게 정렬할 수 있어 전체 블록 생성 속도를 극대화할 수 있다.

예를 들어 마치 번호표를 뽑듯이 거래가 일어날 때마다 고유한 번호가 순서대로 매겨진다고 이해할 수 있다. 이 덕분에 누가 먼저 거래를 보냈는지, 어떤 순서로 처리해야 하는지를 빠르게 판단할 수 있어 전체 네트워크 처리 속도가 훨씬 빨라진다.

수수료 측면에서도 솔라나는 경쟁력을 보였다. 거래당 수수료는 평균 0.00025달러, 즉 우리 돈으로 1원도 되지 않는다. 사용자가 부담을 거의 느끼지 않을 수준이다. 이러한 기술적 장점을 바탕으로 솔라나는 자체적인 대체불가토큰(NFT), 탈중앙금융(DeFi), 탈중앙거래소(DEX) 생태계를 빠르게 확장했다. 최근에는 밈코인 발행사의 사랑을 받고 있는 메인넷으로 통한다. 오피셜트럼프 코인을 비롯한 여러 밈코인이 솔라나 기반으로 발행되면서 솔라나의 저력을 보여 주었다.

생태계가 커지자 솔라나의 가치도 급상승했다. 시가총액은 2025년 초, 168조 원을 넘긴 바 있다. 같은 해 7월 기준으로는 140조 원 안팎을 유지하고 있다. 솔라나는 시총 순위에서 BNB와 경쟁하면서 시총 5~6위를 꾸준히 유지하고 있다. 단기간에 급성장한 솔라나지만 그간 네트워크가 종종 멈추는 문제가 있었고 이로 인해 신뢰도가 떨어진다는 지적도 동시에 받고 있다.

대기업이 선택한 아발란체

코넬대학교에서 분산 시스템을 연구하던 에민 귄 시러(Emin Gün Sirer) 교수가 주도해 개발했다. 그는 현재 아발란체 운영사인 아바랩스(Ava Labs)의 CEO로 활동중이다. 학계 유명 인사가 개발했다는 배경 덕분에 아발란체는 기술적 기반이 탄탄하다는 평가를 받는다.

아발란체도 이더리움보다 빠른 거래 처리 속도와 낮은 수수료를 장점으로 내세운다. 이론적으로는 초당 4,500건 이상의 거래를 처리할 수 있으며, 거래 확정까지 평균 1~2초밖에 걸리지 않는다. 거래 건당 수수료는 일반적으로 0.01달러(약 14원) 정도로 알려져 있다. 실제 수수료 정산은 아발란체 메인넷에서 발행하는 동명의 가상자산 'AVAX' 기반으로 책정된다.

아발란체의 핵심 개념은 '서브넷(Subnet)'이다. 하나의 네트워크 안에서 독립된 블록체인들을 병렬적으로 구성할 수 있게 해주는 구조다. 각 서브넷은 자신만의 규칙과 거버넌스, 검증자 집합을 설정할 수 있다. 이러한 유연성 덕분에 아발란체는 기업·기관들과 협력하기에 적합한 구조를 갖췄다는 평가를 받는다. 쉽게 말해 한 건물 안에 여러 개의 독립된 사무실을 만드는 것과 비슷하다. 한 건물을 사용하지만 사무실마다 각자 문을 잠글 수도 있고, 직원을 직접 고용할 수도 있다.

이에 블록체인 도입을 원하는 기관과 기업들이 자사만의 블록체인 공간을 만들고 싶어 아발란체를 선택하는 경우가 많다. 실제로 SK플래닛은 OK캐시백 시스템에 아발란체 기반 블록체인을 도입했고, 넥슨도 블록체인 기반 게임 개발에 아발란체를 선택했다. 하지만 이런 구조가 기술적 지식이 없는 일반 대중에게는 진입 장벽으로 느껴질 수 있다는 평가도 공존한다.

이더리움 킬러들의 미래가 장밋빛인 것만은 아니다. 이더리움도 지분증명 전환 등 끊임없는 발전을 통해 문제점들을 개선하고 있다. 하지만 각자의 특성을 살려 틈새시장을 공략한다면 이더리움과 공존하며 성장할 가능성이 크다. 블록체인 생태계는 이제 하나의 승자가 아닌 여러 체인이 각자의 역할을 하는 '멀티체인' 시대로 접어들고 있다. 마치 현실 세계에서 달러, 유로, 엔화가 각자의 영역에서 통용되는 것처럼 블록체인도 용도에 따라 다른 체인이 사용될 것으로 예상된다.

 막간 코너

하위테스트란 것이 뭐죠?

미국 가상자산 규제 이야기를 할 때 자주 등장하는 용어 중 하나가 바로 '하위테스트(Howey Test)'다. 처음 듣기에는 다소 낯설지만, 이는 미국에서 특정 거래 혹은 재화가 '증권(security)'에 해당하는지를 판단하는 중요한 법적 기준이 된다.

이 테스트의 기원은 1946년 미국 연방대법원에서 판결한 '증권거래위원회(SEC) v. W.J 하위(W.J. Howey Co.) 사건'으로 거슬러 올라간다. 이 사건의 배경은 1930년대 윌리엄 존 하위(William John Howey)라는 사람이 운영하던 하위컴퍼니(W.J. Howey Company)에서부터 시작된다. 하위컴퍼니는 대규모 오렌지 농장을 운영하는 기업이었다.

이 회사는 농장의 절반은 직접 운영하고, 나머지 절반은 투자자들에게 매각한 뒤 다시 임대해 경작을 이어갔다. 투자자들은 토지 소유권을 얻었지만 직접 농사를 짓지 않았다. 대신 하위컴퍼니가 재배하는 오렌지의 수익을 나눠 가졌다. 겉으로는 단순한 '토지 거래'처럼 보였지만, 실제로는 농장의 수익에 투자자들이 의존하는 구조였다.

이에 SEC는 이 계약이 사실상 증권에 해당한다고 주장했다. 단순 토지 판매가 아닌 투자 계약이라고 지적하면서 '증권임에도 아무런 신고를 하지 않았다'는 판단하에 이를 금지하기 위한 소송을 제기한다. 결국 미국 대법원은 하위컴퍼니의 이러한 사업 구조가 증권에 해당한다고 보고 SEC의 손을 들어줬고, 이 판례로 하위테스트라는 기준이 만들어졌다.

하위테스트의 4가지 조건

증권성을 판단하는 하위테스트의 주요 4가지 조건은 아래와 같다.

- 자금 투자: 돈이나 자산을 투자하는 행위가 존재하는가?
- 공동 기업: 그 자금이 공동의 사업에 사용되는가?
- 이익 기대: 투자자가 수익을 기대할 수 있는가?
- 타인의 노력: 그 수익이 투자자가 아닌 타인의 노력으로부터 발생하는가?

이 4가지 조건이 모두 충족되면 해당 거래는 증권으로 간주된다. 중요한 점은, 단순히 주식이나 채권 같은 전통적인 투자 자산뿐만 아니라, 형식이 무엇이든 '투자 계약의 실질이 증권적 성격을 가지면 증권법의 규제를 받아야 한다는 것이다.

하위테스트가 가지는 의미

하위테스트는 단순한 법적 판례를 넘어, 오늘날 가상자산 시장의 성격을 규정하는 중요한 잣대가 되었다. 한 문장으로 요약하자면, '투자자가 타인의 노력 덕분에 수익을 얻는 구조라면 그것은 증권'이라는 것이다. 투자자 입장에서는 하위테스트를 이해하는 것이 곧 규제 환경을 이해하는 첫걸음이다.

즉 하위테스트는 단순히 과거 판례에 머무는 것이 아니라 새로운 투자

수단이 등장할 때마다 규제 당국과 시장 참여자들이 공통적으로 참조하는 기준이 되고 있다.

특히 가상자산처럼 완전히 새로운 자산 유형이 등장했을 때 더욱 중요하다. 아직까지 가상자산이 어떤 자산인지에 대한 법적 지위는 명확하지 않다. 증권도, 상품도 아닌 그 무언가로 취급되고 있다.

이에 대다수 가상자산이 증권 신고를 생략하고 발행된다. 하지만 하위 테스트 조건에 따라 증권으로 간주된다면 '미등록 증권' 판매 혐의를 받아 불법으로 분류될 수 있다. 더이상 영업을 할 수 없을 수도 있고 상장된 가상자산거래소에서 상장폐지될 수도 있다. 가상자산 프로젝트로서는 치명적인 일이다. 리플사가 XRP는 증권이 아니라고 강력하게 주장하는 이유이기도 하다.

비트코인처럼 완전히 탈중앙화되고 특정 주체가 아닌 모든 참여자의 노력에 따라 생태계가 운영되는 가상자산이라면 증권이 아니라고 본다. 하지만 여전히 발행사 한 주체에 의존하는 가상자산이라면 증권 해당 여부에 대한 논의가 치열하게 벌어진다. 가상자산에 투자할 때는 하위 테스트가 적용될 가능성, 최신 규제 동향 그리고 그에 따른 규제 리스크를 항상 염두에 두어야 한다.

비트코인을 어디서, 어떻게 사야 할지 고민하는 초보 투자자들이 많다. 거래소 선택부터 보안, 수수료까지 기본을 놓치면 큰 손실을 볼 수 있다. 본격적인 투자에 앞서 반드시 확인해야 할 필수 체크리스트를 정리해본다.

3장

비트코인 거래 전 '꼭 알아야 하는' 체크리스트

비트코인은 어디서 어떻게 사야 안전하게 거래할 수 있나요?

온라인에 비트코인만 검색해도 수많은 광고가 뜬다. 하지만 자칫 달콤한 문구에 이끌려 아무 곳이나 선택했다간 현금도, 비트코인도 몽땅 잃을 수 있다. 안전한 거래방법은 무엇인지 잘 따져보고 투자를 시작해야 한다.

누군가 자신이 개인적으로 비트코인을 팔고 있다면서 메신저로 말을 건다. 평균 시세보다 1천만 원은 저렴하게 판매할 테니 자기에게 현금을 이체하면 그만큼 비트코인을 전송해준다고 유혹한다.

눈치가 빠른 투자자는 여기서 이미 감을 잡았을 것이다. 이런 접근은 대부분 사기다. 실제로 코인투자 개인 컨설팅을 명목으로 유명인을 사칭해 메신저로 접근하는 수법이 계속 증가하고 있다고 한다. 소중한 우리의 돈을 지키려면 꼭 안전한 거래처에서 코인을 매매해야 한다.

코린이라면, 국내 거래소부터 차근차근 시작

비트코인을 비롯한 다수의 코인은 '가상자산거래소'에서 살 수 있다. 거래소 역시 국내, 해외, 심지어는 탈중앙화거래소라 불리는 곳까지 다양한 유형이 있지만 초보자에게는 국내 거래소 선택을 추천한다. 통장에 보관하고 있는 '원화', 즉 현금으로 가상자산을 구매할 수 있기 때문이다. 또한 영어 위주인 해외 거래소와 달리 한국어로 홈페이지, 앱이 구성되어 있어 보다 쉽게 거래 방법을 익힐 수 있다.

이용 방법을 모르겠거나 문제가 생겼을 때는 고객센터를 이용할 수도 있다. 대다수 거래소가 전화, 채팅, 방문상담 등을 지원하고 있다. 긴급상담은 24시간 가능한 곳들도 있기 때문에 코린이들도 손쉽게 문제 해결 도움을 받을 수 있다.

거래소를 이용하려면 먼저 회원가입을 한 후 고객 확인 절차를 밟아야 한다. 신분증을 인증하고 거래자금 원천을 선택하고, 직장인일 경우 근무처 정보 기입 등을 진행해야 한다. 은행 통장을 만들 때와 비슷하다. 가상자산거래소도 법에 따라 금융사처럼 고객확인을 철저히 해야 하기 때문이다. 이를 허술하게 진행할 경우 금융당국 조사를 통해 거래소가 수억 원 규모의 과태료를 물어야 한다. 신원인증을 마쳤다면 이제 은행 계좌를 연동하고, 은행 통장에 보관하고 있는 투자금을 거래소 계좌로 옮기면 코인을 구매할 준비가 완료된다.

원화거래소와 코인마켓거래소의 차이점

거래소 선택 전에 꼭 알아두어야 하는 포인트가 있다. 국내 거래소도 2가지 종류로 나뉜다. 익히 알고 있는 업비트, 빗썸 등은 원화거래소다. 즉 거래소에 원화를 입금하고 또다시 은행계좌로 출금하는 것이 가능한 곳들이다. 2025년 7월 기준으로 원화거래를 할 수 있는 거래소는 업비트, 빗썸, 코인원, 코빗, 고팍스, 이렇게 다섯 곳뿐이다.

나머지 거래소들은 '코인마켓거래소'라고 부른다. 원화 입출금이 불가능하고 비트코인, 이더리움과 같은 메이저 코인으로 다른 알트코인을 구매하는 형태의 거래소다. 이미 코인을 보유하고 있는 고객만 거래할 수 있기 때문에 코인 투자를 처음 하는 코인이라면 코인마켓거래소를 이용하는 데 어려움을 겪을 수 있다.

이렇게 2가지 유형으로 나뉜 이유는 법 때문이다. 우리나라는 자금세탁 방지를 이유로 특정금융정보법(특금법) 개정안에 따라 가상자산사업자(VASP) 라이선스 제도를 운영중이다. 국내서 가상자산거래소를 운영하려면 법에 따른 요건을 충족하고 신고 수리증을 교부받아야 한다(특정금융거래정보의보고및이용등에관한법률: 2021년에 가상자산 관련 내용을 담아 법률이 개정되었다).

원화거래소로 등록받기 위해서는 은행과 '실명계좌' 제휴를 맺어야 한다. 이 실명계좌 제휴에 성공한 곳이 앞서 언급한 다섯 곳뿐이다. 추후 코인마켓거래소 중 은행 제휴를 맺고 금융당국의 심사도 통과한다면 원화거래소가 더 늘어날 수 있다.

금융위원회 금융정보분석원(FIU)은 공식 홈페이지를 통해 라이선스를 획득한 가상자산 사업자 명단을 공개하고 있다. 누구나 열람 가능하며, 이 명단에는 거래소뿐 아니라 지갑사업자, B2B사업을 전개하는 수탁사업자와 플랫폼 제공사 등도 포함되어 있다. 이 명단은 주기적으로 업데이트되기 때문에 허가받지 않은 수상한 거래소 혹은 미등록 거래소를 확인하고 피해를 미연에 방지할 수 있다.

 막간 코너

체크포인트로 알아보는 거래소 가입 절차

가상자산 거래를 시작하려면 가장 먼저 해야 할 일은 거래소에 가입하는 것이다. 거래소 가입은 단순히 회원가입 절차에 그치지 않고, 금융거래와 동일한 수준의 본인 인증 과정을 거쳐야 한다. 아래는 처음 거래소에 가입하는 투자자가 반드시 확인해야 할 주요 단계들이다.

거래소 가입하기

- 신분증 인증: 주민등록증이나 운전면허증 사진 준비
- 휴대전화 인증: 본인 명의로 가입된 휴대전화 번호로 문자 or ARS 인증
- 계좌 인증: 본인 명의의 실명확인 입출금 계좌 연결, 거래소마다 입금 은행이 다르니 확인 필요

원화 입금하기

- 가입 시 연결한 본인 명의 계좌에서만 입금 가능
- 첫 입금은 소액으로 테스트해보기를 권장
- 입금 후 원화 지갑에서 잔액 확인

- 비트코인 거래 전 '꼭 알아야 하는' 체크리스트

비트코인 구매하기

- 시장가 주문: 현재가로 바로 매수(초보자에게 추천)
- 지정가 주문: 원하는 가격을 정해서 매수
- 최소 주문 금액이 있으니 확인 필요(평균 5,000원), 거래 시 거래소별로 책정한 거래수수료가 부과됨

보관과 출금

가상자산 거래소에서 비트코인을 구매하면 보유중인 원화 금액은 감소하고, 비트코인은 증가한다. 반대로 비트코인을 전량 매도했다면 비트코인 보유량은 0개에 수렴하고 그만큼 원화 금액이 늘어난다.

더이상 거래소에 현금을 맡겨두고 싶지 않다면 본인의 통장으로 원화를 출금할 수 있다. 출금 시에는 수수료가 발생한다. 거래소별로 상이하지만 대부분 1회당 1,000원을 지불해야 한다. 회당으로 수수료가 부과되기 때문에 소액으로 자주 출금하는 것보다는 한번에 적정량을 출금하는 것이 더 유리하다.

매수한 가상자산도 출금할 수 있다. 비트코인을 산 투자자가 별다른 요청을 하지 않을 경우 이 비트코인은 거래소가 자체 지갑에 보관한다. 고객 자산을 위탁 보관중인 것으로 이해하면 된다. 거래소 앱, 웹 상에서 내가 얼마만큼의 비트코인을 보유중인지, 현 시세는 어떤지, 평가손익은 얼마(몇 퍼센트)인지 확인할 수 있다. 당장 매매할 계획이 없거나 비트

코인을 직접 관리하고 싶다면 별도의 개인 지갑으로 보유중인 가상자산을 옮길 수도 있다. 혹은 타인의 개인 지갑에 비트코인을 전송할 수도 있다.

코인을 전송할 때도 네트워크 수수료가 발생한다. 은행 송금 수수료와 비슷한 개념이다. 예를 들어 10만 원어치를 전송하더라도 실제로 수령하는 금액은 95,000원어치일 수 있다. 가상자산 출금 수수료는 해당 가상자산으로 지불된다. 이에 전송한 개수와 지갑에 들어온 가상자산 수량에 차이가 있을 수 있으니 거래소 홈페이지에서 전송 수수료를 미리 확인한 후 진행해야 한다.

비트코인을 사는데
주거래 은행을 따져야 한다고요?

주거래 은행으로 대형 시중은행인 'H은행'을 사용중인 A씨. 다른 은행 계좌를 사용한 적이 없다. 그런데 H은행 계좌로는 코인을 살 수 없다고 한다. 다른 은행 계좌를 만들어오라는 요청을 받았다. 무슨 이유에서일까?

각 거래소별로 연동된 은행은 단 한 곳!

신용카드가 보편화되기 전, 즉 하나둘 현금 대신 카드를 쓰던 시절에는 가게에서 물건을 사려면 그 가게가 내가 가진 카드사의 가맹점인지를 살펴봐야 했다. 하지만 이제는 온오프라인을 막론하고 카드사 가맹 문제 때문에 물건을 구입 못하는 일은 없다. 대다수 매장이 모든 카드사 결제를 지원한다. 심지어 해외결제 카드가 있다면 해외에 나가서도 간편결제부터 원터치 충전 결제까지 1초면 물건을 살 수 있다.

원화 거래소별 은행 제휴 현황

거래소	제휴은행
업비트	케이뱅크
빗썸	KB국민은행
코인원	카카오뱅크
코빗	신한은행
고팍스	전북은행

지금의 가상자산 시장은 마치 예전의 결제 시장을 보는 듯하다. 가맹점을 따져봐야 하던 신용카드 보편화 초창기와 유사하다. 만약 내가 가입하고 싶은 거래소가 내가 사용하는 은행과 제휴되어 있지 않다면 원화를 입금하고 비트코인을 사고파는 것이 불가능하다.

그렇기에 우선 본인이 어떤 은행들의 계좌를 보유하고 있는지 살펴봐야 한다. 가상자산거래소들은 각각 은행 한 곳과만 제휴를 맺고 있다. 예를 들어 업비트는 케이뱅크, 빗썸은 KB국민은행, 코인원은 카카오뱅크, 코빗은 신한은행, 고팍스는 전북은행과 제휴를 맺고 있다.

빗썸과 코인원은 NH농협은행과 제휴하다가 중간에 제휴은행을 변경했다. 코인원은 2022년 11월, 빗썸은 2025년 3월 각각 카카오뱅크, KB국민은행과 제휴를 시작했다. 업비트도 2020년 6월 IBK기업은행에서 케이뱅크로 은행을 변경한 바 있다.

이런 '1거래소-1은행' 체제는 법에 명시된 규칙은 아니지만 암묵적인 룰처럼 시행되고 있다. 이 때문에 가상자산 거래를 하려면 해당 거래소의 제휴은행 계좌가 반드시 필요하다. 다른 은행 계좌로는 입금도, 출금도 할 수 없다. 예를 들어 업비트를 이용하고 싶다면 반드시 케이뱅크 계좌가 있어야 한다.

은행 따라 거래소 선택 vs. 거래소 따라 은행계좌 개설

이런 상황에서 투자자들은 2가지 선택을 할 수 있다. 첫째는 본인이 이미 거래하고 있는 은행과 제휴한 거래소를 선택하는 것이다. 다만 해당 거래소가 유동성이 적고, 원하는 코인이 상장되어 있지 않을 수 있다. 둘째는 특정 거래소를 먼저 선택하고 그 거래소의 제휴은행 계좌를 새로 만드는 것이다. 이 방법은 원하는 거래소를 이용할 수는 있지만 은행을 새롭게 만들어야 하고, 이체한도 문제를 해결해야 한다는 번거로움이 있다.

만약 여러 거래소를 동시에 이용하고 싶다면 각각의 제휴은행 계좌가 모두 필요하다. 예를 들어 업비트와 빗썸을 함께 사용하고 싶다면 케이뱅크와 KB국민은행 계좌를 모두 가지고 있어야 한다.

최근에는 가상자산거래소를 이용할 목적으로 은행 계좌를 개설하는 것이 비교적 쉬워졌다. 하지만 불과 몇 년 전까지만 해도 계좌를 터주지 않아 코인 매매를 하고 싶어도 할 수 없는 사례가 속출했었다.

일례로 업비트는 2020년 6월, 케이뱅크와 제휴하기 전, IBK기업은행과 제휴중이었다. 2018년부터 2년 넘는 기간 동안 IBK기업은행은 업비트 신규 고객에게 계좌를 내주지 않았다. 2018년 제휴 개시 이전에 계좌를 연결한 고객만 원화를 입금할 수 있었다. 그 이후 업비트에 가입한 고객은 타 거래소에서 코인을 구매, 이를 업비트로 전송·매매해야 했다. 케이뱅크로 제휴사를 전환한 이후에는 기존고객, 신규고객 모두에게 계좌를 내주면서 원화 입출금이 수월해졌다.
　NH농협은행도 마찬가지였다. 신규 계좌 개설을 금지하는 기조는 아니었지만 정작 영업점에 찾아가 계좌 개설 목적에 '가상자산거래소 가입 및 거래'를 기입하면 거절당하는 경우가 부지기수였다. 이후 가상자산 시장이 커지면서 NH농협은행 태도도 전향적으로 바뀌었다. 빗썸 오프라인 고객센터에 계좌개설 창구를 입점시킨 것이 대표적인 사례다. 하지만 제휴했던 거래소들이 모두 타 은행으로 제휴사를 옮기면서 현재는 NH농협은행 계좌로 이용할 수 있는 가상자산거래소는 없다.

거래소-은행 간의 제휴, 새 국면을 맞이하나?

　다행히 최근에는 가상자산 관련 법률이 하나둘 생겨나면서 은행의 태도도 완화되었다. 또한 가상자산 투자 인구가 증가하면서 거래소가 고객 자산을 은행에 맡겨둘 때 발생하는 예치금 보관 수수료,

거래소에서 원화를 출금할 때 발생하는 출금 수수료 등이 은행의 새로운 수입 파이프라인으로 떠오르면서 오히려 가상자산거래소와의 제휴에 적극적으로 나서는 은행이 늘고 있는 상황이다.

앞서 설명한 예시에서 알 수 있듯 사용중인 가상자산거래소가 중도에 제휴사를 변경하는 경우도 발생할 수 있다. 이때 이 거래소를 계속 사용하고 싶다면 변경된 제휴 은행 계좌를 보유하고 있거나 거래소 안내에 따라 새롭게 계좌를 터야 한다.

하지만 여전히 '1거래소-1은행 제휴'로 인해 투자자의 불편이 이어지는 것이 사실이다. 본래 보유하고 있는 은행 계좌가 있다면 다행이지만 거래소와 제휴중인 은행 계좌가 단 한 개도 없다면 계좌를 다시 만들고 이체 한도를 높여야 하는 번거로움이 있기 때문이다. 이에 추후 '1거래소 – 여러 은행 제휴'가 가능해질 수도 있다. 가상자산 업계의 꾸준한 제안으로 국회와 금융당국이 거래소 한 곳이 여러 은행과 계약할 수 있는 방안을 논의중이기 때문이다.

혹은 현재 은행과 제휴하지 못해 코인 간 거래만 지원하는 '코인마켓거래소' 중 일부가 은행과 계약에 성공해 새로운 원화거래소가 탄생할 수 있다. 만약 지금까지 주거래 은행이 가상자산거래소와 제휴하지 않아 불편함을 느꼈던 투자자라면 새로운 원화거래소 탄생을 기대해보는 것도 나쁘지 않다. 물론 점점 원화거래소 등록 문턱이 높아져 가능성은 희박하지만 말이다.

비트코인은 소수점 단위로
거래가 된다는데, 무슨 의미죠?

주식은 1주 단위로 거래한다. 마찬가지로 비트코인을 사려면 개당 가격이 1억 5천만 원이니까, 1억 5천만 원이 있어야 살 수 있는 걸까? 주식과 달리 코인은 소수점 단위 거래가 가능해, 원하는 금액만큼 구매할 수 있다.

비트코인을 사려면 1억 5천만 원이 필요한 걸까?

주식을 거래하고 싶은데 가격이 너무 높아 망설이는 투자자들을 심심치 않게 볼 수 있다. 1주당 가격이 25만 원인 기업이라면, 2주만 투자해도 50만 원이 필요하다. 더욱이 주가가 100만 원에 육박하는 기업도 있다.

1주당 가격이 너무 높다면 투자 전 심리 장벽이 생겨버린다. 이런 이유에서 기업은 1주당 가격이 너무 높아졌을 때 액면분할을 통해 주당 가격을 낮추기도 한다. 참고로, 주식시장에서의 액면분할은 자본금의 변동 없이 기존 주식수의 액면가를 일정 비율로 분할해 발행 주식의 총수를 늘리는 행위다. 예를 들어 100만 주가 발행된, 1주당 10만 원짜리 주식을 1주당 1만 원으로 가격을 낮추려면 발행주식 수를 1천만 주로 10배 늘리면 된다.

주식만 사봤던 투자자들은 코인을 처음 접하면서 비트코인의 높은 가격 때문에 선뜻 진입하기 어렵다는 말을 꺼낸다. 현재 비트코인 가격은 1억 5천만 원을 호가하고 있다. 한 번에 1억 원이 넘는 큰 금액을 투입해 비트코인 한 개를 살 수 있는 사람은 많지 않을 것이다.

코인은 원하는 금액만큼 거래 가능!

하지만 이런 고민은 가상자산 시장에서는 무의미하다. 비트코인을 비롯한 여러 가상자산은 아주 작은 단위로 쪼개서 거래할 수 있기 때문이다. 소수점 단위까지 자유롭게 거래할 수 있다. 내가 100만 원어치만 투자하고 싶다면, 100만 원에 맞춰 비트코인 개수를 쪼개어 구매하는 것도 가능하다.

증권사가 제공하는 주식 소수점 거래와는 또 다르다. 증권사는 1주를 여러 투자자가 분할 소유할 수 있는 시스템을 구축해 소수점 거래를 제공하지만, 비트코인은 분할 거래를 본연의 기능으로 탑재하고 있다.

이때 '사토시'라는 개념을 알아두면 유용하다. 비트코인의 최소 거래 단위는 0.00000001BTC인데, 이를 '사토시'라고 부른다. 이는 비트코인 창시자인 사토시 나카모토의 이름을 따서 지은 것이다. 즉 1비트코인은 1억 사토시라고 표기할 수도 있다.

이러한 분할 거래 특성은 비트코인이 가진 큰 장점이다. 큰 자금이 없더라도 소액부터 투자를 시작할 수 있다. 각 거래소별로 최소 주문 금액이 존재하지만 보통 5,000원인 경우가 많아 투자 결정에 부담을 주는 정도는 아니다.

이에 가상자산 시장에는 정기적금처럼 혹은 적립식 투자처럼 매달 정해진 금액으로 비트코인을 구매하는 투자자도 쉽게 찾아볼 수 있다. '코인 모으기' 서비스를 제공하는 거래소도 있다. 원하는 금액만큼만 정확한 매수가 가능한 덕이다. 예를 들어 매달 30만 원씩 투자하기로 했다면, 비트코인 가격과 상관없이 정확히 30만 원어치를 살 수 있다.

매도를 할 때도 마찬가지다. 보유한 비트코인을 전부 팔지 않고 일부만 팔 수도 있다. 예를 들어 0.1 BTC를 보유하고 있다면, 0.02 BTC만 판매하고 나머지는 계속 보유할 수 있다. 시장 추이를 보면서 원하는 만큼만 조금씩 매도하며 포트폴리오를 재편할 수 있다.

사실 이러한 분할 거래 시스템의 배경에는 비트코인의 본래 목적이 담겨 있다. 비트코인은 결제 수단을 대체하고자 탄생한 가상자산이다. 소수점 거래가 불가능하다면, 결제에 큰 어려움을 겪는다. 정확한 재화의 값을 지불하는 것이 매우 중요하다. 1,000원짜리 커피를 사먹어야 하는데, 거스름돈을 받지 못해 5만 원을 낼 수는 없는 일 아닌가.

비트코인의 가격이 아무리 높아져도 원하는 금액만큼만 투자할 수 있다는 점은 큰 장점이다. 이는 많은 사람들이 부담 없이 가상자산 시장에 참여할 수 있게 하는 중요한 특징이라고 할 수 있다.

같은 비트코인인데
거래소별로 가격이 왜 다른가요?

한날한시에 똑같은 비트코인을 구매하는데 왜 나는 비싸게 사고, 친구는 싸게 사나? 코인 시장은 주식시장과 다르게 거래소별로 코인 가격이 다르게 형성되어 있다. 투자하기 전에 꼭 알아두어야 하는 상식이다.

거래소별로 비트코인 가격이 조금씩 다른 이유

모 거래소를 이용하는 A씨는 2025년 1월 17일 비트코인을 개당 1억 5,156만 원에 구매했다. 이를 친구인 B씨에게 말했더니 B가 억울해했다. B는 다른 거래소에서 1억 5,170만 원에 비트코인을 샀기 때문이다. 조금이나마 더 싸게 비트코인을 산 A를 부러워했다. 같은 코인인데 왜 가격이 다른 걸까?

코인을 처음 사보는 투자자들이 가장 의아해하는 현상 중 하나는, 거래소마다 비트코인 가격이 다르다는 점이다. 똑같은 코인인데 A

거래소는 싸고 B거래소는 비싸다? 주식시장에서는 있을 수 없는 일이다. 서로 다른 증권 앱을 쓰더라도 눈에 보이는 가격은 동일하기 때문이다. 이러한 현상이 발생하는 원인과 코인 시장의 메커니즘을 자세히 살펴보자.

국내 주식시장은 한국거래소(KRX)가 모든 주문을 중앙에서 집중 관리한다. 예를 들어 삼성전자 주식을 매매하고자 하는 모든 투자자의 주문이 이곳으로 모이기 때문에 어떤 증권사를 통해 거래하더라도 동일한 가격에 거래가 이루어진다.

2025년 3월, 국내 주식시장에 한국거래소가 아닌 '넥스트레이드'라는 대체거래소가 생겨났다. 새로운 시장이 하나 더 추가된 것이다. 넥스트레이드 도입으로 '정규장 시작 전 50분 동안(오전 8시~8시 50분), 정규시장 이후 저녁 8시까지' 주식을 거래할 수 있다. 투자자의 별도 선택이 없다면 증권사들은 한국거래소와 넥스트레이드 중 더 좋은 가격이 형성되어 있는 시장으로 주문을 넣는다. 하지만 모든 종목을 넥스트레이드에서 거래할 수 있는 것은 아니다. 약 800개 종목만 거래 가능하고 6개월 평균 거래량은 같은 기간 한국거래소 거래량의 15%를 넘길 수 없다.

하지만 가상자산은 모든 거래소가 독립적으로 운영된다. 주문관리 시스템도 자체적으로 관리한다. 업비트, 빗썸, 코인원과 같은 각각의 거래소를 하나의 독립된 시장이라고 이해해야 한다. 거래내역(오더북)을 실시간으로 공유하지도 않는다. 이로 인해 거래소마다 수

※ 2025년 7월 26일 오전 1시 업비트와 빗썸의 비트코인 가격

출처: 업비트, 빗썸

요와 공급이 다르게 형성되어 가격 차이가 발생한다.

 그렇다면 가격 차이가 심하게 벌어지지 않는 이유는 무엇일까? 시장에 '차익거래(아비트라지)'를 노리는 투자자들이 존재하기 때문이다. 차익거래자들은 가격이 낮은 거래소에서 비트코인을 매수하고, 가격이 높은 거래소에서 매도하는 방식으로 수익을 얻는다. 이런 거래가 반복되면서 자연스럽게 거래소 간 가격 차이가 좁혀진다.

김치프리미엄 현상이 생기는 이유

해외 거래소도 오더북을 개별 관리하기는 마찬가지다. 이에 국내 거래소와 해외 거래소 간의 비트코인 가격 차이가 급격히 벌어질 때도 있다. 비트코인은 5~10% 사이로 가격 차이가 발생한다. 일부 알트코인은 국내 신규상장, 거래량 폭등 등 특수 상황에서 비트코인보다 훨씬 더 심한 가격차가 형성되기도 한다.

국내 거래소의 코인 가격이 해외보다 높은 현상을 '김치 프리미엄'이라 부른다. 반대의 경우는 '역 프리미엄'이라 칭한다. 김치 프리미엄은 투자 포지션을 정할 때 매우 유용하게 참고할 수 있는 지표다. 차익을 노리는 투자자들이 들어와 코인을 매도한다면 가격이 떨어질 수도 있기 때문이다.

역프리미엄이 발생했을 때는 상승 여력이 있는 상태라고 이해할 수도 있다. 과거에는 차익거래자로 인해 국내외 가격 차이가 빠른 속도로 좁혀졌지만 최근에는 가상자산 입출금 내역을 확인하는 '트래블룰' 때문에 가격이 맞춰지는 데 더 많은 시간이 소요된다.

이런 거래소별 가격 차이는 코인시장의 독특한 특성 중 하나다. 초보 투자자들은 단순히 가격 차이만 보고 섣부른 판단을 하기보다는, 거래에 수반되는 다양한 위험 요소들을 충분히 이해하고 신중히 접근하는 것을 추천한다. 시장의 작동원리를 이해하면서 자신의 상황과 거래 가능한 거래소의 시세를 비교하며 진행하는 것이 바람직하다.

빗썸에는 있는 코인이
업비트에는 없는 이유는 뭔가요?

코인 거래소는 주문을 따로 관리할 뿐 아니라 상장종목도 각자 개별 관리한다. 그러다 보니 내가 사고 싶은 코인이 내가 사용하는 주거래 거래소에는 아예 없고, 다른 거래소에만 상장되어 있을 수도 있다.

미국 주식시장과 비슷한 코인 상장 방식

주식의 경우 코스피·코스닥 시장에 상장된 종목이라면 어떤 증권사를 사용하든지 다 매수가 가능하다. 정상적으로 거래되고 있다면 말이다.

하지만 앞서 설명한 것처럼 코인 시장은 각 거래소가 독립적인 하나의 '장'을 운영하기 때문에 상장된 코인도 제각각이다. 업비트에서 거래할 수 있는 코인을 빗썸에서는 거래하지 못하거나, 그 반대의 경우도 흔하게 발생한다. 상장된 전체 코인 종목 수도 상이하다. 보

국내 주식시장 vs. 미국 주식시장 vs. 국내 코인시장

KR	US	₿
국내 주식시장 코스피·코스닥	**미국 주식시장** NYSE·나스닥	**국내 코인시장** 업비트·빗썸·코인원 등
• 모든 증권사에서 동일한 종목 거래 가능 • 통합된 장 운영 시스템 • 표준화된 상장 기준 • 증권사는 중개 역할만 수행	• 거래소별로 다른 상장 종목 • NYSE: 대형주 중심 • 나스닥: 기술주 중심 • 거래소별 특색 있는 운영	• 거래소별 완전히 다른 상장 종목 • 각자 독립적인 '장' 운영 • 거래소별 상장 심사 기준 상이 • 메이저 코인 외 알트코인 차이 큼

통 비트코인, 이더리움과 같은 '메이저 코인'은 대부분 상장하고 있지만 알트코인은 거래소 간 종목 차이가 꽤 크다.

미국 주식과 비교해서 보면 가상자산 시장의 상장 매커니즘을 이해하기 쉽다. 미국은 나스닥과 뉴욕증권거래소(NYSE)가 서로 다른 종목을 상장해 거래를 지원한다. NYSE는 대형 종목 중심으로, 나스닥은 기술주 중심으로 거래소만의 특징이 있다.

코인거래소도 마찬가지다. 상장 종목이 나름의 특징이 있는 경우가 많다. A거래소는 검증된 코인만 상장한다는 원칙에 따라 시가총액이 큰 종목만 거래지원하며 신뢰를 강조한다. 반면 B거래소는 해외에서 막 뜨고 있는 유망 코인을 국내에 가장 먼저 들여오는 데 초점을 맞추기도 한다.

'상장' 심사 기준은 거래소의 차별화 포인트

이에 각 거래소는 자체적인 상장 심사 기준을 가지고 있다. 프로젝트의 기술력, 팀의 신뢰도, 토큰의 유통량, 시장성 등 다양한 요소를 평가한다. 예를 들어 A거래소는 기술적 혁신성을, B거래소는 실용성을 더 중요하게 평가할 수 있다. 이런 심사 기준의 차이는 상장 코인의 차이로 이어진다.

최근에는 원화거래가 가능한 업비트, 빗썸, 코인원, 코빗, 고팍스 5개 거래소를 중심으로 디지털자산거래소 공동협의체(DAXA)가 만들어져 최소한 지켜야 하는 자율규제 규칙을 마련하기도 했다. 할 수 있는 것만 나열한 '포지티브 규제'보다는 하지 않아야 하는 것을 지정하는 '네거티브 규제'에 가깝다. 이에 자율규제에 부합한다면 거래소가 자체적으로 상장 여부를 결정할 수 있다. 만약 자율규제에 어긋나는 코인이 생긴다면 공동 상장폐지를 추진하기도 한다.

상장 코인의 차이는 투자자에게 기회이자 리스크다. 아직 타 거래소에 상장되지 않은 알트코인을 미리 매수했다가 나중에 큰 거래소에 상장되면 시세 차익을 노려볼 수도 있다. 하지만 더 크게 성장하지 못하고 상장폐지로 이어지는 경우도 무시할 수 없다. 이 때문에 거래소의 신뢰도, 해당 코인의 상장 폭(해외에서는 어디에 상장되어 있는지), 거래량 등을 종합적으로 고려해 투자를 결정해야 한다.

비트코인 100만 원어치를 샀는데
왜 잔고는 100만 원보다 적나요?

증권사별로 주문 수수료가 있듯, 코인시장에도 수수료가 있다. 물론 거래소별로 수수료는 각기 다르다. 거래 규모가 커질수록 수수료에 민감하게 반응하게 된다. 수수료율도 다르고 운영 체계도 매우 다르니 꼼꼼히 공부해야 한다.

주식도, 코인도 처음 투자해보는 A씨는 오늘 100만 원어치 비트코인을 매수했다. 분명 100만 원어치를 샀는데, 잔고에는 99만 9,500원어치만 찍혀 있다. 500원은 어디로 사라진 걸까?

초보 투자자들은 주문 금액과 실제 매수된 금액이 다른 것을 보고 당황한다. 돈이 증발한 걸까? 아니다. 이는 거래 수수료 때문에 발생하는 자연스러운 현상이다.

증권사도, 코인거래소도 거래가 체결될 때마다 수수료를 부과한다. 매수, 매도 모두 수수료가 발생한다. 이 거래 수수료율은 거래소마다 모두 다르다. 일반적으로 국내 주요 거래소들은 0.05%에서

0.2% 사이의 수수료를 책정한다. 거래 방식에 따라 다른 수수료율을 부과하는 거래소도 있다. 혹은 고객 등급에 따라 차등 수수료 제도를 운영하기도 한다.

거래방식에 따라 다른 거래 수수료율

거래소 수수료 안내 페이지에 들어가게 되면 '메이커'와 '테이커'라는 단어를 보게 된다. 매우 생소한 단어다. 만드는 사람과 수취하는 사람? 무슨 뜻일까? 이는 거래소 주문방식을 구분하는 용어다. 메이커는 호가창에 새로운 매수/매도 주문을 넣어 유동성을 제공하는 주문이고, 테이커는 이미 호가창에 있는 주문을 체결시키는 방식이다.

예를 들어 현재 비트코인 매도 호가가 5천만 원일 때, 4,990만 원에 매수 주문을 넣으면 메이커 주문이 된다. 반대로 5천만 원에 바로 매수하면 테이커 주문이 된다. 보통은 지정가 주문을 '메이커'라고 부르고, 시장가 주문을 '테이커'라고 부른다.

일부 거래소는 메이커 주문에 더 낮은 수수료를 부과한다. 이는 메이커 주문이 시장에 유동성을 공급해 거래를 활성화하기 때문이다. 호가창에 다양한 가격대의 주문이 쌓여 있어야 투자자들이 자유롭게 거래할 수 있고, 이는 거래소의 경쟁력과 직결된다. 따라서 거래소들은 수수료 할인으로 메이커 주문을 장려한다.

하지만 지정가 주문을 냈더라도 즉시 체결이 가능한 호가가 있을 경우 메이커 주문으로 보지 않는다. 늘 '지정가=메이커'는 아니라는 점도 알아두자.

거래량에 따른 수수료 차등 적용

• 은행 거래를 하다 보면 잔고, 주거래 여부, 카드 사용 여부 등에 따라 금리 우대를 받기도 하고, 이체 수수료를 감면해주기도 한다. 은행의 중요한 고객인 만큼 혜택을 제공해 붙잡아두려는 전략이다.

가상자산거래소들도 비슷한 전략을 취하고 있다. 거래를 활성화시키기 위해 수억~수천억 원 규모 거래를 일으키는 일명 '고래 투자자'에게는 더 낮은 수수료율을 제공하는 식이다. 거래량이 증가하면 거래소의 수수료 수익과 시장 점유율도 덩달아 상승한다.

예를 들어 VIP 고객 전용 서비스를 만들거나 VIP에게만 수수료를 깎아준다. 혹은 수수료 선불제를 운영하기도 한다. 거래 수수료를 미리 충전해두면 충전 금액 구간에 따라 차등 수수료를 부과하는 형태다. 많은 금액을 충전할수록 수수료율은 낮아진다. 이 역시 고객을 자사 거래소에 묶어두기 위한 하나의 전략이다.

미용실 회원 선불권을 생각하면 이해하기 쉽다. 예를 들어 컷트 가격이 4만 원이라면 미리 100만 원을 충전한 고객에게는 35,000원에 이용할 수 있게 해준다. 사전에 큰 금액을 해당 미용실에 충전해놓았다면 다른 미용실은 가지 않고 그 미용실만 가게 될 테니 말이다. 이처럼 거래소도 다른 거래소 대신 우리 거래소만 이용하라는 의미에서 수수료를 깎아주는 것이다.

  소액 거래에서는 거래 수수료율에 따른 차이를 체감하기 어렵다. 하지만 대량으로 거래하는 투자자일수록 이 차이에 민감하게 반응한다. 1억 원을 거래한다고 가정하면 수수료율이 0.05%일 경우 5만 원을, 0.04%일 경우 4만 원을 낸다. 차이는 1만 원이다. 매수, 매도 할 때 두 번 수수료를 낸다는 점을 고려하면 총 2만 원이 된다. 100억 원을 거래한다면 0.01%p 수수료율 차이에 따라 200만 원을 더 내거나 아낄 수 있다.

지정가 주문과 시장가 주문 중 무엇을 선택해야 하나요?

거래소에서 코인을 사고팔 때는 여러 가지 주문 방식을 선택할 수 있다. 각각의 주문 방식은 저마다 장단점이 있어 투자자의 상황과 목적에 따라 적절히 활용해야 한다. 기본적인 몇 가지 주문 방식부터 알아보자.

앞서 거래소 가입 후 비트코인 첫 구매 시 알아두어야 할 체크포인트를 설명했었다. 이때 간단히 지정가 주문과 시장가 주문이 있다고 했었다. 또 바로 앞에서는 코인거래소가 메이커, 테이커 수수료를 다르게 책정하는 경우가 있다고 설명했다.

실제 거래를 하려고 코인거래소 앱을 켜면 다양한 주문 방식을 선택하라고 요구한다. 주식, 코인 투자를 처음 접해보는 투자자라면 어떤 방식을 선택해야 하는지 혼란스러울 수 있다. 꼭 알아두어야 할 대표적인 거래 방식을 공부해두면 투자할 때 실수를 줄일 수 있다.

지정가 주문

지정가 주문은 투자자가 원하는 가격을 직접 지정해 주문하는 방식이다. 예를 들어 현재 비트코인 가격이 1억 원일 때 9,990만 원에 매수 주문을 넣으면, 시장 가격이 9,990만 원까지 내려와야 주문이 체결된다. 매도의 경우 현재 비트코인 가격이 1억 원일 때 1억 100만 원에 매도 주문을 넣으면, 시장 가격이 1억 100만 원까지 올라가야 주문이 체결된다.

시장가 주문

시장가 주문은 현재 시장에서 거래되는 가격으로 즉시 체결하는 방식이다. 빠른 매수나 매도가 필요할 때 사용한다. 장점은 즉시 거래가 성사된다는 것이다. 단점은 시세에 맞춰 구매하는 방식이기 때문에 원하는 가격보다 더 비싸게 사거나 더 낮은 가격에 팔릴 수 있다. 거래소별로 수수료가 지정가보다 비싸게 책정되기도 한다. 여기에 시세가 초단위로 급변한다면 내가 주문을 눌렀을 때 화면에 보였던 가격보다 더 높은 가격 혹은 낮은 가격으로 거래가 체결될 수 있다. 순간적으로 가격이 급변한 탓이다. 시장가 주문은 항상 테이커 주문이 된다. 테이커는 이미 호가창에 있는 주문을 체결시키는 방식으로, 시장의 유동성을 소비한다.

스탑리밋 주문(예약 주문)

스탑리밋(Stop Limit)은 조건부 지정가 주문이다. 쉽게 말해, 특정 조건을 걸어두고 그 조건이 성립되지 않으면 주문을 아예 넣지 않게 설정해둘 수 있다. 비트코인을 보유하고 있는 A씨가 있다고 가정해보자. A씨는 손실발생을 두려워하는 안정추구형 투자자다. 그는 현재 1억 원인 비트코인이 9,900만 원까지 떨어지면 9,850만 원에 매도 주문을 넣도록 예약 주문을 걸어놓을 수 있다.

주문 방식은 투자자의 전략을 실현하는 도구다. 각 주문 방식의 특성을 이해하고 시장 상황과 자신의 투자 목적에 맞게 활용하는 것이 중요하다. 처음에는 기본적인 지정가 주문과 시장가 주문에 익숙해진 후 점차 다른 주문 방식도 시도해보는 것이 안전하다.

가상자산 시장도 장마감이 있나요?

장마감 시간과 휴장일이 있는 주식시장과 달리 코인은 24시간 365일 거래가 이루어진다. 그래서 비트코인 투자를 하다가 잠을 설쳐 좀비가 되었다는 사람들도 있다. 코인 불야성에 현명하게 대처하는 방법은 무엇일까?

국내 주식투자를 해본 경험이 있는 투자자라면 평일 오후 8시 이후에는 긴장을 늦추게 된다. 장이 완전히 마감되기 때문이다. 한국거래소(KRX)는 오후 3시 30분, 대체거래소는 오후 8시면 하루 거래가 마무리된다. 이에 가격도 더 이상 변동되지 않는다. 주말에는 아예 거래가 중단되고, 월요일 아침에서야 다시 긴장하고 주식창을 들여다보게 된다.

하지만 가상자산 시장은 다르다. 가상자산은 24시간 365일 거래를 멈추지 않는 불야성이다. 새벽 3시든 추석 당일이든 원하면 언제든 거래할 수 있다. 사용중인 가상자산거래소가 정기 점검을 진행하는 때가 아니면 말이다. 이때도 다른 거래소는 멈추지 않기 때문에 시세는 시시각각 변동된다.

특히 우리나라 투자자들이 잠자리에 드는 밤 시간이라고 해서 방심하면 안 된다. 미국인들이 투자하는 밤 11시 이후 코인 가격이 갑자기 출렁이는 경우도 있기 때문이다.

해외 정책은 국내 거래소 시세에도 영향을 미친다

가상자산 시장은 크게 미국, 유럽, 아시아의 3개 권역으로 나뉜다. 한 곳의 변화가 전체 시장에 영향을 미친다. 예를 들어 미국이 가상자산 친화 정책을 발표하면 미국 거래소인 코인베이스뿐 아니라 우리나라 거래소에서도 가격이 오른다. 글로벌 단위로 움직이는 시장이기에 특수한 상황이 아니고서는 대부분 호재와 악재를 함께 받아들인다.

2024년 말부터 지금까지 이어지고 있는 '비트코인 상승장'을 대표적인 예시로 들 수 있다. 비트코인 가격은 사상 최고가인 1억 6천만 원을 돌파했다. 사실 국내에서는 호재라고 할 이슈가 하나도 없었다. 도널드 트럼프 미국 대통령 당선이 가상자산 시장 전체에 영향을 미쳤고, 국내 가격도 널뛰기 시작했다. 미국 증권거래위원회(SEC) 정책, 연방준비제도(Fed)의 금리 결정이 있는 날에는 국내에서도 가상자산 가격이 크게 요동치곤 한다. 우리는 한창 자고 있는 새벽 시간에도 해외에서 어떤 발표가 나온다면 가상자산 가격이 급등락을 반복할 수 있다는 뜻이다.

24시간 시장, 어떻게 대처할까?

투자 초보자라면 '아니, 그럼 무작정 잠도 자지 말고 투자하란 말이야?'라는 생각이 들 수 있다. 하지만 사람이라면 잠을 자지 않고는 살 수 없다. 이에 자신만의 패턴을 만들어 장마감 시간이 없는 가상자산 투자에 대응해야 한다.

미리 주문을 걸어두는 방식이 대표적이다. 500원인 코인이 450원까지 하락할 경우 더 큰 손실을 방지하고자 '손절'을 하고 싶다면, 미리 450원에 지정가 매도 주문을 걸어두는 방법도 있다.

혹은 앞서 설명한 예약 주문을 활용하면 된다. 예를 들어 현 시세보다 10% 이상 하락한 450원에 도달할 경우 자동으로 430원에 매도 주문을 넣게 하는 식이다.

장기투자를 고려하는 것도 방법 중 하나가 될 수 있다. 단기 시세 변동에 일희일비하지 않고 장기적인 관점에서 투자하면 24시간 시장의 스트레스에서 어느 정도 자유로울 수 있다.

거래소에는 알림 설정 기능도 있다. 투자자 본인이 모니터링하고 싶은 가격대에 도달했을 때 스마트폰 푸시 알림 기능을 켜둔다면 대응이 가능하다. 하지만 주의해야 할 점이 있다. 초단위로 시세가 변하기 때문에 1분에도 몇 번씩 해당 가격에 다시 도달해 여러 번 알림이 울릴 수 있다. 알림 때문에 잠을 설쳤다는 후기도 많기 때문에 가격은 신중하게 설정하는 것이 중요하다.

해외 코인을 미국주식처럼
따로 살 수 있나요?

한 투자자는 종목명이 특이한 A코인에 관심이 생겼다. 정보를 찾아보니 미국에서 발행한 코인이란다. 다른 코인들도 살펴보니 대다수가 외국인이 만든 코인이었다. 지금은 해외 발행 코인을 국내 거래소에서도 살 수가 있다.

해외 거래소와 국내 거래소, 상장 종목이 같을까?

주식시장은 명확한 국경이 있다. 삼성전자는 국내 증시에서, 테슬라는 미국 증시에서 거래된다. 해외주식에 투자하려면 별도로 해외주식 계좌를 개설해야 한다.

하지만 가상자산 시장은 다르다. 가상자산에는 국경이 없다. 비트코인, 이더리움과 같은 메이저 코인부터 새롭게 등장하는 알트코인까지 대부분 국내 거래소에서의 거래가 가능하다. 미국 실리콘밸리 개발자들이 만든 코인, 인도나 베트남 등 신흥 IT 강국에서 발행된

코인까지 여러 국가에서 출시된 가상자산들이 국내 거래소에서 거래되고 있다.

국내 대형 거래소들은 이미 수백 종의 코인을 상장해 거래를 지원하고 있기에 코린이들이 접하고 싶어 하는 대부분의 가상자산은 국내 거래소만으로도 충분한 투자가 가능하다. 대표적인 국내 거래소인 업비트의 경우 2025년 기준 200개가 넘는 코인이 상장되어 있다. 전 세계에서 주목받는 대형 프로젝트는 국내 거래소도 해외와 동시간에 상장을 추진하는 경우도 많다. 이에 출시 극초기 단계인 유망 코인을 발굴해 큰 시세차익을 노리는 투자자가 아니라면 국내 거래소만 이용해도 충분하다.

해외 거래소, 기회와 위험 모두 있는 양날의 검

다국적 기업을 지향하고 있는 바이낸스와 같은 해외 거래소는 국내 투자자들도 이용이 가능하다. 특히 바이낸스는 늘 글로벌 가상자산 시장 거래량 점유율 1위를 차지하고 있는 초대형 거래소이기에 전 세계인이 이용하고 있다.

300개가 넘는 코인을 상장해 거래지원하고 있고, 많은 이들이 이용하기 때문에 하루 거래량은 수십조 원에 달한다. 새로 등장하는 블록체인 프로젝트들이 '바이낸스 상장'을 목표로 삼을 만큼 가상자산 시장에서 막대한 영향력을 가질 수 있다.

해외 거래소를 이용하려면 우선 본인인증(KYC) 절차를 거쳐야 한다. 여권이나 신분증 사본을 제출해야 하고, 심사에 며칠이 걸릴 수 있다. 입출금은 코인으로만 가능하다. 원화를 직접 입금하는 것은 불가능하므로 국내 거래소에서 비트코인이나 전송 수수료가 저렴하고 속도가 빠른 트론, XRP 혹은 가격이 1달러에 고정되어 있는 테더 등 스테이블 코인을 구매한 뒤 해외 거래소로 전송하는 경우가 많다. 전송한 코인을 국내 거래소의 원화예치금처럼 활용해 다른 코인을 구매하는 데 사용하는 것이다.

코린이라면 코인 투자에 어느 정도 익숙해진 이후 해외 거래소에 접근하는 것이 좋다. 한국어 서비스를 제공하지 않고 고객센터에도 영어로 문의해야 한다. 답변을 받기까지 걸리는 시간도 며칠이 걸릴 수 있다. 빠른 해결에 특화된 국내 고객센터와는 다른 운영방식에 당황할 수 있다.

또한 자칫 잘못하면 선물거래에 빠져 큰 손해를 입을 수도 있다. 국내에서는 가상자산 선물마진 거래가 불가능하다. 하지만 해외에서는 선물거래가 매우 활성화되어 있다. 레버리지를 활용해 큰 수익을 노리려는 전문 트레이더들이 해외 거래소를 주로 사용하는 이유이기도 하다.

하지만 그만큼 위험도 크다. 국내 투자시장에서도 인버스 투자나 곱버스 투자에 신중을 기해야 한다고 강조하는 것과 동일한 이치다.

한 가지 더 주의해야 할 점이 있다. 만약 해외 거래소인데 한국어로 웹 또는 앱이 구동되고 있다면? 편리하다고 좋아하기 전에 '미등록 가상자산 사업자'는 아닌지 반드시 의심해보아야 한다. 국내에서 가상자산 사업자 라이선스를 취득하지 않은 해외 거래소는 한국어 서비스를 제공해서는 안 된다. 국내 고객을 타깃으로 한 이벤트를 진행하는 것도 금지되어 있다. 이를 빈번히 어기고 국내 투자자를 유혹하는 일부 해외 거래소를 금융당국은 '미등록 가상자산 사업자'로 규정했다.

즉 이들 거래소는 '불법 영업중'이라는 뜻이다. FIU는 주기적인 모니터링을 통해 미등록 가상자산사업자 명단을 제공하고 있다. 미등록 가상자산 사업자 명단은 2025년 10월 기준으로 다음과 같다.

'쿠코인(KuCoin), 멕스씨(MEXC), 페맥스(Phemex), 엑스티닷컴(XT.com), 비트루(Bitrue), 지비닷컴(ZB.com), 비트글로벌(Bitglobal), 코인더블유(CoinW), 코인엑스(CoinEX), 에이에이엑스(AAX), 주멕스(ZoomEX), 폴로닉스(Poloniex), 비트엑스(BTCEX), 비티씨씨(BTCC,구 BTC차이나), 디지파이넥스(DigiFinex), 파이넥스(Pionex), 애플비트(APPLE BIT), 블로핀(Blofin), 에이펙스프로(Apex Pro), 코인캐치(CoinCatch), 디오이엑스(DOEX), 윅스(WEEX), 비트마트(BitMart), 비트유닉스(Bitunix), 케이씨이엑스(KCEX), 큐엑스에이엘엑스(QXALX), 코인니스 트레이드(CoinNess Trade), 다윈케이에스(DAWINKS).'

코인의 선물·마진거래는 어떤 식으로 이루어지나요?

모든 코인이 하락세이지만 A씨의 친구는 코인투자로 큰돈을 벌었다는 소식을 들었다. 알고 보니 친구는 숏포지션을 잡고 선물·마진투자를 해 수익을 냈다고 한다. 이에 A씨는 선물·마진거래란 대체 무엇일까 궁금해졌다.

'주식시장이 불황이면 인버스에 투자하라'고 조언하는 사람들이 있다. 전통 금융시장에서는 주로 ETF 펀드로 접할 수 있는 인버스 투자는 우리가 아는 일반적인 투자와 다르게 주가가 하락할수록 수익을 얻는 투자상품이다.

게다가 2배, 3배 마진(레버리지)을 제공한다고 한다. 반대로 주가가 상승할 때도 레버리지 투자를 해 돈을 벌 수 있다. 내가 가진 투자금보다 더 많은 수익을 얻을 수 있다는 뜻이다. 코인시장에도 비슷한 개념의 투자방식이 있다.

코인 선물거래? 코인 롱·숏 포지션?

지금 당장 코인이나 주식을 매매하는 것은 현물거래다. 선물거래는 그 반대로 미래의 특정 시점에 정해진 가격에 따라 자산을 사거나 팔기로 약속하는 거래다. 선물마진거래, 다른 말로 레버리지거래는 매매주문을 넣을 때 계약금액의 일부만 증거금으로 예치하고 거래하는 방식이다.

선물마진거래에서는 내가 가진 투자금보다 더 많은 돈을 투입해 투자할 수 있다. 예를 들어 3배 마진거래를 할 경우 내가 실제 넣은 돈은 100만 원이지만 300만 원 상당의 코인을 매매할 수 있다.

이때 투자자는 롱과 숏 중에서 포지션을 정해야 한다. 롱포지션은 가격이 오르면 수익을 낼 수 있고, 내리면 손실이 난다. 반대로 숏포지션은 가격이 떨어지면 수익이고, 오르면 손실이다. 투자하는 코인의 가격이 미래에 상승할지 혹은 하락할지 예측하고 베팅해야 한다. 예측이 맞아떨어지면 큰 이익을 얻겠지만, 반대로 흘러간다면 원금까지 모두 청산당하는 최악의 시나리오를 맞이할 수 있다.

큰 수익에 비례하는 '청산 위험'

예를 들어보자. A씨는 투자금 100만 원을 가지고 개당 가격이 1억 원인 비트코인에 2배 레버리지 주문을 넣었다. 2배 레버리지를 걸었기 때문에 A씨가 투입한 돈은 100만 원이지만 200만 원 상당의 비트코인을 구매하게 된다.

A씨가 선택한 포지션은 숏이다. 가격이 하락하는 데 베팅했다는 뜻이다. 예측이 성공해서 비트코인 가격이 10% 하락했다면, A씨가 실제로 투입한 돈은 100만 원이지만 총 20만 원의 수익을 거둘 수 있다. 투자한 금액 대비 더 큰 이익을 얻는 셈이다. 비트코인 가격이 하락할수록 더 큰 수익을 얻을 수 있다.

A씨는 운이 좋게 돈을 벌었지만, 만약 반대로 비트코인 가격이 상승한다면 현물거래와 비교할 수 없는 막대한 손해가 발생한다. 10% 상승 시 20만 원, 20% 상승 시 40만 원의 손해가 난다. 만약 비트코인 가격이 50%까지 상승한다면 원금을 강제 청산당할 위기에 처한다.

'청산'이 존재한다는 점이 현물거래와의 가장 큰 차이점이다. 현물거래에서 '평가 손익'은 '실제 손익'이 아니다. 보유하고 있는 비트코인 한 개의 가격이 많이 하락해서 −90%를 기록하고 있다고 가정해 보자. 상승을 담보할 수 없고, 상승까지는 오랜 기간이 걸릴 수 있지만 팔지 않고 기다린다면 언젠가는 원금을 회복할 것이라는 희망을 가져볼 수 있다. 계정 잔고에 찍혀 있는 평가액은 줄어들었지만 여전히 내가 비트코인 한 개를 갖고 있다는 것은 변함이 없기 때문이다.

정말로 이런 사례가 존재하기도 한다. 2018년 1월, 국내 가상자산 시장에서 엑스알피(XRP, 옛 리플) 가격이 5,000원에 육박했던 적이 있다. 업비트 기준 당시 최고가는 4,925원이었다. 이때 미친 듯이 오르는 가격을 보고 수많은 투자자들이 더 상승할 것을 예측해 엑스알피를 구매했다. 하지만 시장 상황은 예상대로 흘러가지 않았고, 결국 엑스알피 가격은 말 그대로 폭락했다. 같은 달에 최저 1,005원까지 하락했고 그 다음 달에는 640원으로 무너졌다. 한때는 150원에 거래되기도 했었다. 4,925원에서 150원이 된다면 수익률은 -97%다. 원금회복의 가망이 없어 보이지만, 7년 뒤 엑스알피는 기적처럼 가격이 상승했고 신고점을 경신했다.

2025년 1월 최고가는 4,984원을 기록했다. 최고가에 구매했던 투자자들이 중간에 '손절'하지 않고 버텼다면 원금을 건지고 약간의 수익까지 얻어갈 수 있었던 것이다. 하지만 만약 롱포지션을 잡고 선물투자를 했던 투자자라면 중간에 청산을 당해 원금회수라는 기쁨을 누릴 수 없었을 것이다.

주식시장에서는 2~3배 레버리지를 지원하는 것이 보편적이지만 코인시장은 더욱 공격적이다. 20배, 많게는 100~120배까지도 레버리지를 지원한다. 하지만 앞서 말한 대로 청산 위험이 있기 때문에 높은 배수의 레버리지 거래를 할 경우 각별히 주의해야 한다. 100배 레버리지는 시세가 1%만 포지션의 반대로 움직여도 청산이다. 청산당하기 전에 증거금을 더 넣는다면 청산을 막을 수 있지만, 초단위로 시세가 움직이는 코인 시장에서 이렇게 기민하게 대응하기란 정말 어려운 일이다.

또 하나 주의해야 할 점은, 국내에서는 코인 레버리지 투자가 금지되어 있다는 것이다. 이는 오로지 해외 거래소에서만 가능하다. 앞서 설명한 것처럼 초보 투자자는 해외 거래소 사용이 쉽지 않은 데다가 돈을 잃을 경우 아무도 책임져주지 않기 때문에 꼭 주의하도록 하자.

 막간 코너

트래블룰이란 게 뭐죠?

가상자산 시장이 커지면서 자금세탁, 범죄연루 등의 위험도 함께 커졌다. 이에 국제자금세탁방지기구(FAFT)는 이런 가상자산 자금세탁 위험을 줄이고자 2019년 6월에 권고안을 만들었다. 권고안에는 가상자산 자금세탁방지 리스크를 줄이는 여러 대책이 담겼는데, 이 중 하나가 바로 '트래블룰'이다. 가상자산 버전의 '금융 실명제'라고 설명할 수 있다.

코인시장의 투명성이 높아지다

가상자산의 가장 큰 특징은 익명성이다. 익명성은 '탈중앙화'라는 블록체인과 가상자산의 중요한 특징을 반영하는 요소이기도 하지만 동시에 테러자금 조달 등 불법적인 행위에 사용될 수 있는 리스크가 있다. 이에 규제 울타리 안에 있는 가상자산거래소를 통한 송금에서만큼은 이를 해결하자는 국제적인 합의가 있었다.

트래블룰의 모태는 금융회사의 자금 이전 시 송·수신인의 정보를 파악하게 하는 미국 은행 보안법(BSA, Bank Secrecy Act)이다. 한국은 2023년 7월부터 트래블룰을 시행했다. 거래소를 포함한 가상자산 사업자는 100만 원 이상의 가상자산 입출금을 지원할 때 송·수신인의 이름, 주소, 생년월일 등 신상정보를 파악해야 한다.

즉 해외 거래소에서 국내 거래소로 비트코인을 전송할 때 환산액이 100만 원이 넘는다면 누가, 누구에게, 무엇을, 얼마나 보내는지 확인하는 절차를 거쳐야 한다. 그 반대의 경우도 마찬가지다. 최근에는 거래소들이 100만 원 이하 송금에도 트래블룰을 적용하는 추세다.

편리함은 줄었지만 안정성은 강화되다

국내 거래소끼리는 트래블룰 시스템을 공유하고 있다. 빗썸, 코인원, 코빗 3사는 코드(CODE)라는 조인트벤처를 만들었다. 이는 트래블룰 솔루션을 개발 및 제공하는 기업이다. CODE의 트래블룰 시스템에 가입하면 거래소 간 고객 신원 정보를 매칭할 수 있어 보다 빠른 속도로 코인 입출금이 처리된다. 마찬가지로 두나무(업비트)도 자회사인 람다256이 투자한 베리파이바스프(VV)라는 트래블룰 솔루션을 사용한다. CODE와 VV는 서로 연동되어 있기 때문에 정상적인 송금이라면 국내 거래소 간 자금 이동에는 큰 문제가 발생하지 않는다.

하지만 해외 거래소를 통해 코인을 주고받는다면 이야기가 달라진다. 송·수신인 쌍방을 확인하기 어려운 경우 거래소로부터 입출금을 거절당할 가능성이 커진다. 신원인증을 거치지 않고 생성되는 개인 지갑도 마찬가지다. 이 경우 출금 주소를 사전에 등록하고 해당 지갑의 주인이 누구인지 거래소에 알려주어야 한다.

또 송·수신인 확인에 보다 오랜 시간이 소요될 수 있는 점을 꼭 유의해야 한다. 소요 시간은 사람마다 다르다. 빠르게는 5~10분, 늦게는 몇 시간이 걸릴 수도 있고, 고액의 경우 직접 자금 출처를 소명하기 위해 거래소 고객센터를 방문해야 하는 일도 생긴다.

일부 해외 거래소는 상호연동은 되어 있지 않지만 '본인 계정'을 확인하는 '계정주 확인 연동 서비스'를 제공한다. 이에 개인이 자신에게 코인을 보낼 때는 트래블룰 솔루션을 통해 비교적 단시간에 송금이 이루어질 때도 있다.

각 거래소별로 트래블룰 솔루션의 연동거래소 목록을 확인할 수 있다. 만약 국내 규제 당국이 미등록 불법거래소로 지정한 곳이거나 트래블룰 솔루션이 연동되어 있지 않은 거래소라면 입출금 거절을 당할 수 있다. 이에 꼭 미리 거래소의 안내를 확인하고 송금을 진행해야 한다.

트래블룰 도입으로 인해 자유로운 송금의 편리함은 줄었지만, 시장의 신뢰성과 안전성은 한층 강화되었다. 투자자에게는 조금의 불편이 따르지만 장기적으로는 가상자산이 제도권 금융과 더 가까워지도록 만든 중요한 전환점이라고 볼 수 있다.

수천 종의 코인 중에서 어떤 코인을 선택할지는 투자자의 가장 큰 고민이다. 백서, 발행량, 커뮤니티 등 꼼꼼히 따져봐야 할 요소들이 있다. 좋은 코인을 가려내는 눈을 기르는 것이 곧 성공 투자의 첫걸음이다.

4장

좋은 코인, 어떻게 고르면 좋을까요?

코인 시장의 백서가
증시의 사업보고서 같은 건가요?

주식시장에서 건강한 기업을 고르려면 기업 사업보고서, 재무제표 등을 읽어봐야 한다. 그렇다면 가상자산 시장에도 사업보고서 같은 자료가 있는지, 혹은 참고할 수 있는 자료는 있는지 여기서 잘 살펴보자.

백서에서 확인해야 할 것들

처음 가상자산거래소 창을 켜면 비트코인, 이더리움처럼 한 번쯤 들어본 코인이 아닌, 난생 처음 접해보는 생소한 코인들이 정말 많다는 것을 알 수 있다. 코린이들은 투자 전에 과연 10년 뒤에도 없어지지 않고 살아남아 있을 코인은 무엇일지 궁금해한다. 손해는 '존버' 하면 된다 해도 최소한 원금을 전부 잃지는 말아야 할 것 아닌가.

그래서 더더욱 어떤 코인을 골라 투자해야 할지 혼란스럽다. 이때 많은 이들이 '백서 읽기'를 추천한다. 백서는 프로젝트팀이 발행하는

좋은 코인, 어떻게 고르면 좋을까요?

일종의 사업계획서로, 기술적 특징부터 토큰 이코노미까지 프로젝트의 모든 것을 담고 있다.

백서의 핵심은 '왜'다. 왜 이 프로젝트가 필요한지, 왜 블록체인 기술을 써야 하는지, 왜 토큰이 필요한지를 설명한다. 예를 들어 이더리움 백서는 비트코인의 한계를 지적하며 스마트 컨트랙트의 필요성을 피력했다.

발행량과 분배 계획도 코인을 투자할 때 중요하다. 초기 발행량이 얼마인지, 연간 추가 발행은 어떻게 되는지, 개발팀과 초기 투자자가 얼마나 보유하는지 등을 백서에서 찾아볼 수 있다. 정상적인 코인 프로젝트라면 발행·유통과 관련된 내용은 무조건 백서에 기술하고 있다. 이는 향후 코인 가치에 직접적인 영향을 미치는 요소이기 때문이다.

자세하게 적는 곳들은 초기 자금 조달을 목적으로 엔젤투자자와 벤처캐피탈(VC)에 판매하는 물량 규모와 함께 몇 년간 락업(일정 기간 동안 자금 이동, 매도 등을 하지 못하게 하는 행위) 혹은 베스팅(정해진 전체 물량을 일정 기간 동안 나눠서 분배하는 행위)이 걸려 있는지 등도 공개한다. 추후 코인을 대중에 알리는 과정에서도 이벤트 진행을 위한 자금이 필요한데, 이 자금에는 전체 발행량의 몇 퍼센트나 사용할 것인지 등도 백서에 서술한다.

읽어서 해가 될 것은 전혀 없지만, 그럼에도 백서를 찾아보고 종목을 선택하는 투자자는 매우 드물다. 백서를 읽기 싫게 하는 가장

'스택스' 블록체인 백서 번역본 중 일부

Stacks(스택스):
스마트 컨트랙트를 위한 Bitcoin 레이어

Stacks는 스마트 컨트랙트를 위한 Bitcoin 레이어로서, 스마트 컨트랙트와 탈중앙화 애플리케이션이 비트코인(BTC)을 자산으로 신뢰 최소화 방식으로 사용하고 Bitcoin 블록체인에서 트랜잭션을 정산할 수 있게 해줍니다. 2021년 초에 출시된 Stacks의 초기 버전은 BTC 트랜잭션 정산, BTC 트랜잭션에 대응할 수 있는 안전한 컨트랙트를 위한 Clarity 언어, 그리고 BTC와 자산 간의 Atomic Swap(아토믹 스왑)을 도입했습니다. Stacks의 다음 주요 업그레이드로 제안된 나카모토 릴리스(2024년 예정)는 Stacks의 비트코인 레이어로서의 기능을 강화할, 다음과 같은 중요 기능을 추가합니다. (a) BTC를 레이어 안팎으로 이동하고 Bitcoin에 기록할 수 있는 탈중앙화된 양방향 비트코인(BTC) 페그(Bitcoin Peg), (b) Bitcoin 최종성(Bitcoin Finality)으로 보장된 트랜잭션, (c) 빠른 트랜잭션 및 블록 처리 시간. 이로 인해 Stacks 레이어는 비트코인(BTC)을 신뢰 최소화 방식으로 완전히 프로그래밍 가능한 자산으로 만듭니다. 이는 수천억 달러에 달하는 비활성 비트코인(BTC) 자본을 생산적으로 만들고, 이를 탈중앙화 애플리케이션에 사용할 수 있게 하며, Bitcoin을 더욱 탈중앙화되고 개방적이며 생산적인 경제의 중추로 만들 수 있습니다.

출처: 업비트 투자자보호센터

큰 진입장벽은 '언어'다. 영어로 된 백서가 대부분이다. 최근에는 국내 대형 거래소들이 영문 백서의 한글 번역본과 함께 주요 내용 설명서, 가상자산 설명서도 제공하고 있다.

하지만 한국어라고 해서 백서 안에 담긴 전문용어를 모두 이해하기는 어렵다. 기술적인 설명도 마찬가지다. 그럼에도 포기하지 말고 '개요(Introduction)'와 '토큰 이코노미(Tokenomics)' 부분은 꼭 읽어보자. 개요에는 프로젝트의 비전과 목표가 담겨 있고, 토큰 이코노미에는 앞서 말한 발행과 유통 계획이 담겨 있다.

● 좋은 코인, 어떻게 고르면 좋을까요?

정말 백서로 옥석 가리기를 할 수 있을까?

백서는 프로젝트의 신뢰도를 판단하는 기준이 되기도 한다. 물론 모든 프로젝트가 백서의 계획을 100% 이행하지는 않는다. 늘 거창한 계획을 단기간에 추진하겠다는 목표를 세우지만 실제로 해보면 더 많은 시간이 소요되는 등 순탄하게만 흘러가지 않기 때문이다.

개발 단계에서 시장 상황이 급격히 악화되어 일부러 마일스톤 달성을 지연시키는 경우도 있다. 장이 좋을 때 '짜잔' 하고 공개하려는 전략이다.

이에 가상자산 업계에서도 적당한 계획 변경과 지연은 용인하는 편이다. 하지만 백서 자체가 없거나 내용이 지나치게 성의 없는 코인은 피하는 것이 좋다. 그런 태도로 운영을 이어간다면 가상자산거래소에서 상장폐지될 수도 있기 때문이다.

타 프로젝트와 차별화되는 기술이나 비즈니스 모델이 없다면 의심해봐야 한다. 또한 토큰 분배 계획이 불투명하거나, 개발팀 물량이 지나치게 많은 경우도 주의가 필요하다. 개발팀이 대량 매도할 경우 가격이 폭락할 수 있기 때문이다.

백서 하나로 투자 성공을 장담할 순 없다. 하지만 백서는 프로젝트를 이해하는 출발점이 된다. 백서를 읽고 이해하는 과정에서 블록체인 기술과 산업에 대한 안목도 자연스럽게 키울 수 있다. 좋은 프로젝트는 대개 탄탄한 백서를 가지고 있다는 점을 기억하자.

백서 발행 후 몇 년이 흘렀고 이미 활발히 거래되고 있는 코인이라면, 블로그나 SNS를 참고하는 것도 방법이다. 프로젝트가 직접 운영하는 SNS 채널에는 최신 소식, 설명 등이 올라온다.

메인넷, 유틸리티…
코인에도 유형이 있는 건가요?

백서를 읽다 보면 각 코인마다 발행 목적이 다르다는 것을 알 수 있다. 하지만 처음 보는 용어들이 눈앞에 나타나면 진입 장벽이 생기기 마련이다. 메인넷, 유틸리티, 증권형 토큰 등은 무엇을 지칭하는지 알아보자.

블록체인의 기둥, 메인넷 코인

앞서 2장에서 비트코인 외에도 여러 가지 코인이 있고, 대표적인 알트코인에는 무엇이 있는지 살펴보았다. 여러 코인들도 각자의 발행 목적을 가지고 있다. 운영체계 역할을 하는 메인넷 코인과 그 위에서 구동하는 앱과 같은 유틸리티 토큰이 존재한다. 혹은 주식을 대체하기 위해 나온 증권형 토큰도 있다. 각 코인의 유형을 알아두면 코인의 성장 가능성, 목표점 등을 파악할 수 있다.

메인넷은 코인에 관계되는 독자적인 블록체인 생태계를 가진 코인을 말한다. 조금 더 자세히 설명하자면, 비트코인(Bitcoin), 이더리움(Ethereum) 블록체인 생태계가 메인넷, 이 메인넷을 기반으로 하는 코인이 비트코인(BTC), 이더리움(ETH)이다. 이들은 자체 블록체인 네트워크를 운영하고 있으며, 다른 블록체인 프로젝트들이 그 위에서 서비스를 만들 수 있도록 기반을 제공한다.

스마트폰에 비유해서 이해해보자. 갤럭시에는 안드로이드가, 아이폰에는 iOS 운영 체제가 깔려 있다. 메인넷은 안드로이드나 iOS와 같다. 메인넷을 이용하는 프로젝트들은 앱 개발자의 역할이다. iOS 개발자, 안드로이드 개발자가 각각 스마트폰에 탑재할 앱을 개발하는 것처럼 블록체인 개발자들도 자신의 개발 성향, 편의성 등에 따라 메인넷을 선택해 그 아래에서 구동할 프로젝트를 만들어낸다.

메인넷은 개발과 유지에 많은 비용이 들어가는 만큼 기술력과 자금력이 중요하다. 시장에서도 이런 특성을 인정받아 메인넷 코인 대부분이 시가총액 상위권을 차지한다. 비트코인과 이더리움 외에도 솔라나, 카르다노, 아발란체 등이 대표적인 메인넷 코인으로 꼽힌다.

메인넷 프로젝트는 성공을 위해 블록체인 서비스 개발사에 투자하기도 한다. 자금을 지원할 테니 우리 메인넷을 활용해 서비스를 만들어달라는 일종의 전략적 투자다. 아무리 잘 지어둔 아파트라도 입주민이 없으면 무용지물이 된다. 블록체인 메인넷도 마찬가지다.

● 좋은 코인, 어떻게 고르면 좋을까?

활용성을 입증해줄 서비스가 반드시 필요하다. 이에 이런 투자는 생태계를 확장하는 대표적인 방법 중 하나로 분류된다.

메인넷 위에서 태어나는 유틸리티 토큰

유틸리티 토큰은 기존 메인넷 위에서 작동하는 가상자산이다. 메인넷이 안드로이드라면, 유틸리티 프로젝트는 카카오톡이나 쿠팡 같은 앱이라고 이해하면 된다. 각 메인넷은 각자의 개발 표준(프로토콜)이 있다. 이 표준에 맞춰 프로젝트가 만들어지고, 이 프로젝트에서 사용하는 가상자산이 등장한다. 업계서는 편의상 메인넷에서 발행하는 가상자산은 '코인'이라고 부르며, 그 하위 프로젝트가 발행하는 가상자산은 '토큰'이라고 부른다.

예를 들어 이더리움 네트워크에서는 ERC-20이라는 표준을 따르는 수많은 토큰이 있다. 체인링크(LINK), 유니스왑(UNI) 등이 대표적인 유틸리티 토큰이다.

유틸리티 토큰은 특정 서비스나 플랫폼에서 사용되는 일종의 이용권이라고 생각하면 이해하기 쉽다. 우리가 예전에 싸이월드에서 아바타와 홈을 꾸미기 위해 사용하던 '도토리' 같은 존재다. 도토리는 한 개에 100원이었지만 토큰은 가치가 시장 수요에 따라 변동한다는 차이점이 있다.

이더리움 기반 유틸리티 토큰으로 시작해 생태계를 키우기 위해 자체 메인넷을 만드는 가상자산들도 있다. 대표적으로 '챗GPT의 아버지'라 불리는 샘 알트먼(Sam Altman)이 공동 설립자로 참여해 유명해진 '월드코인'이 있다. 월드코인은 이더리움 레이어2인 '옵티미즘'을 기반 블록체인으로 사용하다가 거래량이 점차 늘어나자 2024년 하반기 자체 메인넷을 개발해 체인을 옮겼다. 이렇게 체인을 옮겨타는 것을 '마이그레이션'이라고 한다.

'메인넷 전환'은 코인 프로젝트에 있어 큰 변곡점이다. 주식시장에 비유해보면 코스닥에서 코스피로 시장을 이관하는 것과 비슷하다. 자리를 잘 잡는다면 승승장구할 수 있는 기회이지만, 반대로 독자적인 생태계를 구축하는 것이 매우 어려운 만큼 기존 이더리움 생태계에서 받던 커뮤니티 혜택을 받지 못해 시장 관심에서 멀어지는 경우도 종종 보인다.

이해하기 쉽게 비유를 들어보자. 맛집이 많이 입점해 있기로 유명한 푸드코트에 매장을 차린 A가게가 있다. 워낙 방문객이 많던 푸드코트이기에 A가게는 금방 입소문을 타 유명해졌다. 이에 A가게는 유명세를 등에 업고 푸드코트를 나와 가게를 따로 차렸다. 하지만 새로 고른 상권은 이전과 달리 방문객이 많지 않아 매출이 예전만 못한 상황에 직면했다. 이런 상황에 처하지 않기 위해 이더리움 생태계에 계속 남아 있는 프로젝트도 많고, 또 신중에 신중을 더해 자체 메인넷을 개발하거나 이전을 결정한다.

레이어2는 무엇일까?

최근 들어 쉽게 찾아볼 수 있는 코인 유형이 있다. 그것은 바로 '레이어2'다. 레이어2는 기존 블록체인 메인넷(레이어1)의 확장성 문제를 해결하기 위해 만들어진 기술이다. 레이어1이 고속도로라면, 레이어2는 그 위에 설치된 하이패스 차선이라고 비유하면 이해하기 쉬워진다.

대다수 레이어2는 이더리움을 기반으로 만들어진다. 이더리움은 큰 생태계와 커뮤니티를 보유하고 있지만 그만큼 거래가 몰려 높은 수수료, 낮은 거래 처리 속도 등의 문제를 겪고 있었다.

이런 문제를 해결해주기 위해 레이어2는 디테일한 거래내역은 자체 블록체인에 저장하고 그 결과값만 모아 이더리움에 올리는 전략을 선택했다. 그 결과 이더리움 생태계의 포화를 늦출 수 있었다.

예를 들어 이더리움의 대표적인 레이어2 솔루션인 아비트럼과 옵티미즘은 이더리움 메인넷에서 초당 15건 정도 처리하던 거래를 수천 건까지 확장할 수 있다. 거래 수수료도 메인넷의 1/10 수준으로 낮춰준다. 레이어2 블록체인은 자체 코인을 발행하기도 한다. 아비트럼의 'ARB', 옵티미즘의 'OP'가 있다. 이런 레이어2 코인들은 블록체인 네트워크 운영과 거버넌스에 활용된다.

레이어2 생태계도 점차 확장되고 있다. 초기에는 단순히 거래 처리를 도와주는 역할이었지만 이제는 그에 더해 디파이(DeFi), NFT,

게임 등 다양한 서비스가 운영되고 있다. 미국 가상자산거래소 코인베이스가 만든 레이어2 블록체인인 '베이스'는 수많은 기업들이 블록체인 서비스를 구축하는 기반이 되고 있다.

최근 새롭게 등장한 증권형 토큰

최근에는 실물 자산을 토큰화한 '증권형 토큰(ST)'도 등장했다. 부동산이나 미술품 같은 자산에 대한 권리를 지분으로 쪼개서 토큰으로 만든 것이다. 증권형 토큰은 하나의 증명서 역할을 한다. 예를 들어 100억 원짜리 빌딩을 1만 개의 토큰으로 나누면 투자자들은 100만 원으로도 빌딩 소유권의 일부를 가질 수 있다.

증권형 토큰은 전통 금융과 가상자산을 잇는 다리 역할을 한다. 실물 자산의 안정성과 블록체인의 편의성을 결합했다는 평가를 받는다. 각국 규제에 따라 다르지만 가상자산이 아닌 증권으로 분류되는 경우가 많다. 즉 코인이 아닌 블록체인 기술을 활용한 증권이라는 뜻이다.

이에 따라 증권형 토큰은 일반 가상자산거래소에서는 거래되지 않는다. 우리나라는 증권형 토큰 가이드라인을 만들어 시장을 규제하고 있다. 규제 샌드박스 허가를 받은 소수의 기업만 실물자산을 기반으로 증권형 토큰을 발행할 수 있다. 미술품, 선박, 한우 등 그 종류도 다양하다. 소위 '투자계약증권' 지분을 쪼개 토큰화한 것도 증권형 토큰이다. 이들은 증권형 토큰을 발행하면서 청약을 진행하고, 금융감독원 전자공시시스템(DARTS, 다트)에 증권신고서를 게재한다. 우리가 투자하는 코인이 아니라 '블록체인을 활용해 발행하는 증권'이라고 해석해야 한다.

유형별로 꼼꼼히 따져봐야 하는 지표

각 유형별로 투자 접근법이 다르다. 메인넷 코인은 전체 가상자산 시장의 흐름과 밀접하게 연동되어 있어 중장기 투자에 적합하다. 특히 비트코인은 시장 전체의 방향성을 결정하는 만큼 꾸준한 관심이 필요하다. 국내 주식시장 흐름을 대장주인 삼성전자가 결정하는 것처럼 말이다.

유틸리티 토큰은 개별 프로젝트의 성과가 중요하다. 해당 서비스의 사용자 수, 거래량, 수익 모델 등을 꼼꼼히 살펴봐야 한다. 메인넷 코인보다 변동성이 클 수 있지만 성공적인 프로젝트의 토큰은 높은 수익률을 기록하기도 한다. 유망한 기업을 사전에 발굴해 잭팟을 터트리는 벤처투자와 유사하다. 하지만 투자금이 '0원'이 될 수 있다는 점도 꼭 유념해야 한다.

이더리움 확장성 문제를 해결하겠다고 나서는 레이어2 코인이나 비트코인의 생태계 확장성을 해결하겠다는 스택스(STX) 등의 코인은 주로 자신들이 목표로 삼은 코인의 가격에 따라 시세가 변동된다. 이더리움이 하락세를 보일 경우 아비트럼과 옵티미즘 등도 하락세를 연출하는 경우가 많다. 비트코인과 스택스도 유사한 흐름을 보인다. 늘 똑같이 움직이는 것은 아니지만 이런 특성을 알아둘 경우 투자 결정에 있어 참고 지표로 활용할 수 있다.

코인 발행량과 유통량, 왜 중요한가요

2021년 국내에서 선풍적인 인기를 끌었던 A코인에 투자한 B씨는 이 코인이 가상자산거래소에서 상장폐지된다는 청천벽력 같은 소식을 접한다. 사유는 유통량 임의 변경! 유통량이 대체 무엇이기에 상장폐지까지 된 걸까?

코인 가치를 결정하는 발행량과 유통량

가상자산 투자자들은 늘 거래소의 '공지'를 주시해야 한다. 가상자산거래소는 상장된 가상자산의 거래지원 여부를 공지를 통해 고객에게 알린다. 증시에 비해 상장이 쉬운 만큼 상장폐지도 쉽게 될 수 있다. 거래지원 재검토 사유가 발생하면, 거래소들은 먼저 '거래유의종목'으로 해당 코인을 지정하고 일정 기간을 거친 후 상장폐지 여부를 결정한다. 소명기간이 추가로 필요할 경우 유의종목 지정 기간을 늘릴 수도 있다.

유의종목 지정 사유는 각 코인별로 다르지만 해킹, 개발팀 해산, 그리고 유통량 공시 미흡이 가장 빈번하다. 해킹과 개발팀 해산은 해당 코인과 블록체인의 향후 운영에 지대한 영향을 미치는 일이 분명하다. 그렇다면 유통량은 왜 상장폐지 사유에 해당하는 걸까?

앞서 비트코인이 디지털 골드로 불리는 이유를 설명한 데서 힌트를 얻을 수 있다. 비트코인의 가치를 지탱하는 건 '희소성'이다. 비트코인은 총 발행량이 2,100만 개로 정해져 있어, 더 이상 늘어나지 않는다. 마치 지구상의 금 매장량이 한정되어 있는 것처럼 말이다.

이렇듯 가상자산 시장에서 발행량은 매우 중요한 투자 지표다. 아무리 좋은 기술과 비전을 가진 프로젝트라도 발행량이 무제한이거나 불투명하다면 투자에 신중해야 한다. 각 가상자산은 발행 전 백서를 통해 발행 계획을 명시한다.

그런데 모든 가상자산이 비트코인 같을까? 그렇지 않다. 비트코인은 시간이 지나면서 채굴에 따라 코인이 추가 발행되기에 유통량 조절이 가능하지만, 그렇지 않은 코인도 있다. 처음부터 정해진 발행량을 모두 발행해두고, 발행재단이 이를 보유하고 시간의 흐름에 따라 시장에 푸는 방식도 존재한다. 이 경우 재단이 사전에 약속한 유통 계획을 지키지 않고 시장에 추가 유통을 감행하면 가격이 급락할 수 있다.

유통량은 증권시장에서도 매우 중요하게 생각하는 부분이다. 투자한 기업이 유상증자를 통해 주식수를 늘리겠다고 했을 때 반대하는 투자자가 많다. 반대로 시장 유통량을 줄이는 자사주 매입이나 자사주 소각은 주가를 끌어올리는 대표적인 주주환원 방식이다. 많은 상장사가 주주가치 제고를 위해 장내에서 자사주를 매입하고, 이사회 결의를 거쳐 이를 소각한다. 절대적인 주식의 수를 줄이면서 1주당 가치가 더 높게 평가되기를 기대하며 진행하는 조치다.

항상 공식이 적용되는 것은 아니지만, 약속대로 유통량을 조절하는 코인은 장기적 가치 상승 추세를 연출한다. 바이낸스코인(BNB)이 대표적이다. 바이낸스는 BNB를 발행하면서 발생한 수수료로 분기마다 일정량을 매입해 소각하기로 약속했다. 이는 공급량을 줄여 희소성을 높이고 코인의 가치를 유지 또는 상승시키기 위한 전략이다. 주식회사가 주주가치 제고를 위해 자사주 매입 후 소각하는 것과 동일한 것으로 이해할 수 있다.

현재 BNB는 전체 가상자산 시가총액 6위에 올라 있다(가상자산 정보제공 사이트인 '코인마켓캡' 기준).

건전한 프로젝트는 발행량과 유통량 정보를 투명하게 공개한다. 백서나 공식 웹사이트에서 총 발행량과 현재 유통량, 향후 추가 발행 계획을 확인할 수 있어야 한다. 개발팀과 초기 투자자의 보유 물량, 물량 잠금 일정, 소각 등 유통량 조절 계획도 명확해야 한다. 이런 정보가 불투명하거나 자주 변경된다면 위험 신호로 보아야 한다.

가상자산 투자에서 시가총액의 함정

발행량과 유통량은 코인의 가치를 산정하는 지표로도 활용된다. 많은 초보 투자자들이 '이 코인은 100원밖에 안 하니까 가치가 없나'라고 생각하는 실수를 한다. 하지만 진정한 가치는 발행량까지 따져봐야 알 수 있다.

극단적인 예시를 들어보자. 100원짜리 A코인의 총 발행량이 1조 개라면, 시가총액은 이미 100조 원에 달한다. 반대로 발행량이 적은 코인은 개당 가격이 비싸 보여도 시가총액은 작을 수 있다. B코인은 개당 가격이 1만 원인데 발행량은 1억 개에 불과하다면 시가총액은 100억 원이다. 단순 개당 가격만 봐서는 B코인의 가치가 높아 보이지만 전체 시가총액으로 보면 A코인의 규모가 더욱 크다는 것을 알 수 있다. 시가총액은 '코인 가격×유통량'으로 계산되기 때문에, 단순히 코인의 가격만 보고 투자를 결정하면 안 되는 이유다.

가상자산 투자에서 발행량과 유통량은 가장 기본적이면서도 핵심적인 지표다. 아무리 좋은 프로젝트라도 발행량의 관리가 부실하면 투자 가치를 잃게 된다. 가상자산 투자를 시작하기 전에 반드시 이 부분을 꼼꼼히 확인하는 습관을 들여야 한다. 그래야만 예상치 못한 가격 폭락의 위험을 피할 수 있다.

흩어져 있는 코인 정보, 어디서 봐야 하나요?

전통금융시장에는 금융감독원의 전자공시시스템 '다트'가 있다. 상장사와 대기업, 외부감사 대상 기업의 운영 정보를 한눈에 볼 수 있다. 그럼 전 세계에 흩어져 있는 코인 프로젝트의 정보는 어디서 볼 수 있을까?

'글로벌 시세를 한눈에' 알아보는 정보 플랫폼

주식시장에는 정보를 습득할 수 있는 경로가 다양하게 마련되어 있다. 각종 증권사 리서치를 통해 인사이트를 얻을 수도 있고, 금감원 다트를 통해 사업보고서와 재무제표 등을 찾아보는 것도 가능하다.

하지만 가상자산 시장은 다르다. 공신력 있는 정보 제공처가 없어 투자자들이 정보를 찾는 데 어려움을 겪고 있다. 이를 해결하기 위해 여러 정보 제공 사이트가 존재한다. 다트처럼 기업의 재무제표,

코인마켓캡 가상자산 시가총액 및 기준가 화면

#	Name		Price	1h %	24h %	7d %	Market Cap
1	Bitcoin BTC	Buy	$115,720.99	▲0.60%	▼2.93%	▼1.88%	$2,302,533,806,364
2	Ethereum ETH	Buy	$3,636.37	▲0.03%	▼2.53%	▲1.85%	$438,951,194,377
3	XRP XRP	Buy	$3.03	▲0.90%	▼5.87%	▼10.13%	$180,018,550,310
4	Tether USDT	Buy	$1.00	▲0.01%	▼0.04%	▼0.01%	$163,109,149,238
5	BNB BNB	Buy	$765.88	▲0.50%	▼1.86%	▲3.75%	$106,679,772,593
6	Solana SOL	Buy	$178.22	▲0.77%	▼5.60%	▲0.61%	$95,941,417,291
7	USDC USDC	Buy	$1.00	▲0.02%	▲0.00%	▲0.02%	$64,272,480,456
8	Dogecoin DOGE	Buy	$0.2243	▲0.30%	▼6.63%	▼5.49%	$33,712,668,270
9	TRON TRX	Buy	$0.3151	▲0.48%	▲0.40%	▼3.32%	$29,850,120,879

출처: 코인마켓캡

사업 성과 등을 알아보기는 어렵지만 최소한의 자료들은 노력하면 찾아낼 수 있다. 아무리 찾아도 자료가 나오지 않는 곳이라면 의도적으로 숨기려는 속내가 있을 수 있으니 각별히 주의해야 한다.

대표적인 정보제공 사이트는 코인마켓캡(CoinMarketCap)과 코인게코(CoinGecko)다. 전 세계 거래소에서 거래되는 가상자산의 실시간 평균 가격, 거래량, 시가총액 등을 파악할 수 있다. 거래소 정보도 찾아볼 수 있다. 투자 전 내가 선택하려는 가상자산거래소의 신뢰도, 하루 거래량, 상장 코인 종목수 등도 나와 있다. 이들 사이트는

● 좋은 코인, 어떻게 고르면 좋을까요?

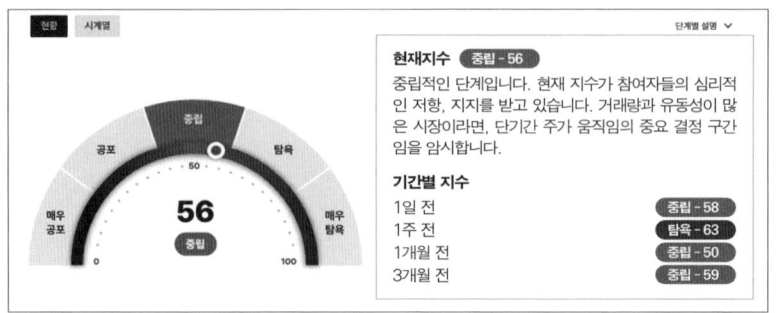

출처: 업비트데이터랩

어색하지만 한글 번역 혹은 원화 환산 시세 등을 제공하고 있어 접근하는 데 큰 어려움은 없다.

 정보제공 사이트에서 알 수 있는 또 하나의 유용한 정보는 '도미넌스(dominance)' 지표다. 모든 코인의 시가총액을 합한 전체 시총에서 특정 코인이 차지하는 비중을 알려준다. 예를 들어 비트코인 도미넌스가 60%라면 전체 가상자산 시가총액 중 비트코인이 절반 이상의 가치를 차지하고 있다는 뜻이다. 2025년 1월 기준 비트코인은 약 58%, 이더리움은 11%의 도미넌스를 기록하고 있다. 만약 비트코인 도미넌스가 간신히 50%를 지키고 있다면 알트코인이 대세인 시장이라는 뜻이 된다.

 공포탐욕지수도 투자 전에 참고하면 좋은 자료다. 이 지수는 100점이 만점으로, 100에 가깝다면 탐욕을 나타내고, 0에 가깝다면 공포를 나타낸다. 공포는 하락장을, 탐욕은 상승장을 의미한다. 점수가 양극단에 가까워질수록 '매우 공포' 혹은 '매우 탐욕'과 같은 평가가 나오는데, 이는 높은 거래량과 급격한 시세 변동을 동반하고 있는 시장이라는 뜻이므로 거래 전 주의가 필요하다.

국내에서도 정보를 획득할 수 있나?

국내에서도 정보 불균형 문제를 해결하기 위해 거래소가 나서고 있다. 상장 코인 안내 공지사항에서 기본적인 검토 리포트를 확인할 수 있다. 업비트, 빗썸과 같은 대형 거래소는 백서 번역본도 제공한다. 단, 순차적으로 번역이 진행되고 있어 모든 백서를 한글로 확인할 수 있는 것은 아니다.

각 거래소가 제공중인 지수를 참고하는 것도 좋은 방법이다. 업비트는 UBCI, UBAI 등 자체 인덱스를 보여준다. UBCI는 업비트에 상장된 모든 코인의 가격을 추종한다. 주식의 코스피 지수와 비슷하다. UBAI는 비트코인을 제외한 나머지 코인을 반영한다. 대장주인 비트코인이 빠진 코스닥 지수와 가깝다.

각 원화거래소는 내용과 형태는 다르지만 투자자들에게 유의미한 정보를 제공하기 위해 노력하고 있다. 빗썸, 코인원 등은 소셜트레이닝과 유사한 정보를 제공중이다. 소셜트레이닝이란 타인의 투자 성향을 따라하거나 투자에 참고하는 방식을 말한다. 고액 자산가의 포트

• 좋은 코인, 어떻게 고르면 좋을까요?

폴리오 구성, 탑 트레이더의 상위매수 코인 등을 확인하고 투자하고자 하는 코인이 얼마나 많은 이들의 선택을 받았는지 알아볼 수 있다.

코빗은 자체 리서치센터를 운영하면서 정기적으로 고퀄리티의 리서치 자료를 제공한다. '찐 코인 투자자'가 원하는 보고서부터 거시경제 매크로 요인에 따른 코인산 시장 영향까지 포괄적으로 제공한다. 고팍스는 '고팍스 아카데미' 코너를 통해 어려운 용어를 쉽게 풀이해주고 있다.

쟁글과 같은 국내 기업이 운영하는 사이트도 있다. 국내외 여러 가상자산의 정보를 모아서 제공해준다. 발행사, 설립자, 백서, SNS 링크 등을 제공해준다. 사업상 변화, 이벤트 등이 있을 때도 알려주기 때문에 유용하게 활용할 수 있다. 일부 블록체인 프로젝트에 한해서는 블록체인 네트워크에서 발생하는 데이터인 '온체인 데이터'를 분석해 계획과 실제 발행량과 유통량이 일치하는지를 확인시켜준다.

가상자산 시장은 정보의 홍수 속에서 진짜 정보를 찾아내는 것이 중요하다. 공식 채널을 통해 1차 정보를 확인하고, 여러 출처의 정보를 교차 검증하는 것이 중요하다. SNS에서 누군가 가짜 뉴스를 퍼트려 시세가 급변하는 일도 종종 있기 때문이다. 특히 유튜브 등을 통해 잘못된 분석과 가짜뉴스가 성행하고 있으니 더욱 신중히 접근해야 한다.

코인 시장의 '커뮤니티', 코인의 성장 동력이 되나요?

가상자산의 성공 여부는 기술력만으로 결정되지 않는다. 프로젝트를 지지하고 이끌어가는 '커뮤니티'의 힘이 절대적이다. 비트코인이 세계 최고의 가상자산으로 자리 잡은 것도 강력한 커뮤니티가 있었기에 가능했다.

코인 시장에서 말하는 커뮤니티란?

국내 굴지의 게임사가 발행한 코인에 투자한 A씨. 그가 요즘 출퇴근 시간마다 잊지 않고 하는 일이 있다. 바로 코인 커뮤니티 접속이다.

잔잔하던 코인 가격이 간혹 크게 흔들릴 때가 있다. 갑자기 가격이 폭락하기도 하고, 일순간 폭등해서 그간의 손실을 한 번에 만회할 기회가 찾아오기도 한다. A씨는 그 모든 이유를 커뮤니티에서 찾고 있다. 투자한 코인 프로젝트에 호재가 될 만한 파트너십 체결 소식은 없는지 알아보고, 갑자기 가격이 급락할 땐 어떤 악재가 있었

좋은 코인, 어떻게 고르면 좋을까요?

는지 살펴본다. 제발 대규모 해킹은 아니길 기도하면서 말이다.

이 책에서 계속해서 언급하고 있는 커뮤니티(community)는 거창한 것이 아니다. 공동체를 뜻하는 말로, 온라인 커뮤니티, 지역사회 커뮤니티 등 일상생활에서도 자주 쓰는 단어이기도 하다. 그 뜻 그대로 한 생태계를 이루고 있는 구성원은 모두 커뮤니티의 일환이 될 수 있다.

가상자산 시장에서 커뮤니티는 개발자, 채굴자(검증인), 투자자, 이용자 등 블록체인·코인 프로젝트에 관여하는 모든 구성원을 포함한다. 이들은 단순한 이해관계자가 아니라 프로젝트의 미래를 함께 만들어가는 주체다. 개발자들은 기술을 발전시키고, 채굴자들은 네트워크를 안정적으로 운영하며, 이용자들은 실제 사용 사례를 만들어낸다. 즉 커뮤니티는 같은 이해관계로 얽혀 있는 모든 자연인, 기업의 집단이다.

탄탄한 커뮤니티를 가진 이더리움의 성공 사례를 보자. 이더리움은 전 세계 수십만 명의 개발자가 참여하는 거대한 생태계를 구축했다. 이들은 이더리움 위에서 디파이(DeFi), NFT, 게임 등 다양한 서비스를 만들어냈다. 반면 뛰어난 기술력을 가졌지만 커뮤니티 형성에 실패한 프로젝트들은 대부분 사라졌다.

어떤 사람들은 서로 소통할 수 있는 공간을 커뮤니티라고 부른다. 가상자산 시장에서는 코인 프로젝트가 텔레그램, X 등 SNS를 개설해 커뮤니티를 조성한다. 대부분 영문으로 소통이 오가지만, 국내 시장을 중요하게 생각하는 프로젝트라면 국문 채널을 만들어 배포하기도 한다. 이 커뮤니티에서 프로젝트는 중요한 공지사항을 투자자들에게 공유한다. 투자자들은 공지 내용이나 최근 프로젝트 현황에 대한 열띤 토론을 이어간다.

건강한 커뮤니티의 조건

좋은 커뮤니티에는 몇 가지 특징이 있다. 우선 활발한 개발 활동이다. 얼마나 많은 개발자가 참여하는지, 업데이트는 꾸준히 이루어지고 있는지 등을 알아봐야 한다. 업데이트와 같은 중요한 소식은 공식 블로그나 SNS를 통해 알리기 때문에 어렵지 않게 찾아낼 수 있다. 만약 개발이 중단되거나 아무도 의견을 내지 않는 코인 프로젝트라면 커뮤니티가 이미 죽었다고 봐야 한다.

커뮤니티 소통의 투명성도 중요하다. 디스코드나 텔레그램 같은 커뮤니티 채널에서 개발팀과 투자자 간의 소통이 활발해야 한다. 주요 의사결정 과정에 커뮤니티 구성원들이 참여할 수 있어야 하며, 재정 운영도 투명하게 공개되어야 한다.

초기 프로젝트는 개발팀 구성원이 직접 커뮤니티를 관리하고 채팅에 참여하며 투자자들의 질문에 답변을 달기도 한다. 다만 투자 열기가 너무 과열되어 대응이 불가능한 경우나 이미 프로젝트가 성장해 개발팀의 개입이 필요 없는 경우에는 투자자들끼리 소통하는

좋은 코인, 어떻게 고르면 좋을까요?

공간으로 전환한다.

최근에는 커뮤니티가 직접 프로젝트의 의사결정에 참여하는 'DAO(탈중앙화 자율조직)' 형태도 늘고 있다. 소수의 검증인으로 구성된 블록체인이더라도 투자자들이 이들 검증인에게 자신의 물량을 위임해주면서 의사를 전달할 수 있다. 주식회사에서 소액주주가 일부 대주주들에게 위임장을 전달해 주주제안 안건에 힘을 실어주는 것처럼 말이다.

이 경우 토큰 보유자들이 투표를 통해 프로젝트의 주요 정책을 결정한다. 이는 중앙화된 의사결정 구조의 한계를 극복하고 진정한 탈중앙화를 실현하려는 시도다. 하지만 거버넌스 참여율이 저조하거나 소수의 대량 보유자가 의사결정을 좌우하는 문제도 있다. 건전한 커뮤니티는 다양한 구성원의 의견이 균형 있게 반영되어야 한다.

장기적으로 보유할 코인을 고르고 있다면 해당 프로젝트의 커뮤니티를 먼저 살펴보는 것이 좋다. 개발자들의 참여도, 커뮤니티의 활성화 정도, 의사결정 구조의 건전성 등을 종합적으로 판단해야 한다. 백서나 기술은 뛰어나 보여도 커뮤니티가 부실하다면 장기적으로 성장을 기대하기 어렵다.

가상자산 가치는 결국 사람들의 신뢰와 참여에서 나온다. 아무리 혁신적인 기술이라도 이를 발전시키고 활용할 커뮤니티가 없다면 의미가 없다. 커뮤니티의 성장이 곧 프로젝트의 성장이며, 이는 코인의 가치 상승으로 이어진다는 점을 기억하자.

죽었는데도 거래가 되는 '좀비코인'이 있나요?

분명히 죽었는데도 다시 살아 움직이는 좀비. 코인 시장에도 좀비코인이 있다. 더 이상 제 기능을 하지 못하지만 거래소에서 사고팔 수 있고, 심지어 시세도 움직인다. 이 좀비코인들의 정체는 과연 무엇일까?

모두가 잊은 내 코인, 죽지도 않고 살아 있다?

'디지털 쓰레기', 잔인하지만 가상자산 시장에서는 심심치 않게 발견할 수 있는 표현이다. 왜 이런 표현이 생긴 걸까? 이유를 알려면 블록체인과 코인이 가진 특성을 알아야 한다.

블록체인에서 생성되는 정보와 코인은 비가역적 특성을 가졌다. 즉 한 번 만들어놓으면 수정이 불가능하다는 뜻으로 해석할 수 있다. 이 때문에 블록체인을 통해 발행한 코인은 완전히 삭제되지 않는다. 개발팀이 프로젝트를 포기해 블록체인이 방치된 경우에도 마찬가지다. 유령처럼 디지털 세상을 부유하거나 좀비처럼 죽지 않고 거래소에서 거래가 이루어진다.

2017년 ICO 열풍이 시장을 강타했다. 이때 수많은 코인이 세상에 쏟아져나왔다. 코인을 발행하기만 해도 돈을 벌 수 있다는 인식이 팽배하던 때다. 그러나 시장이 침체기에 접어들면서 상당수 개발팀이 개발을 중단했다. 돈이 되지 않았기 때문이다. 처음부터 '한탕' 하려는 목적으로 나온 코인도 많았다.

A씨는 2017년 국내 한 거래소에서 이름 모를 토큰을 매수했다. 당시는 '자고 일어나면 돈이 복사된다'라는 우스갯소리가 돌 정도로 어떤 코인이던 가격이 오르던 시절이다. 정작 본인이 구매한 토큰에 대해서는 잘 몰랐지만 이더리움 기반으로 발행된다고 하기에 A씨는 믿고 매수 버튼을 눌렀다.

하지만 하락장은 예상보다 빠르게 찾아왔다. 다시 가격이 상승하면 매도하려던 A씨도 장기간 기다림 끝에 거래소앱을 한동안 열어보지 않기로 다짐했다. 그리고 그가 매수했던 토큰의 존재는 기억에서 잊혀졌다.

개발팀도 프로젝트를 이어가기를 포기했다. 자금력이 바닥났다. ICO를 하며 투자금 대부분을 이더리움으로 수취했는데, 투자 유치 당시 개당 100만 원이던 이더리움 가격이 10만 원까지 하락했기 때문이다. 진작 현금화를 해두었다면 조금이라도 더 버텨보았겠지만 모두 코인으로 계속 보유하고 있던 탓에 심각한 재정난을 겪었다.

그렇게 팀원들은 뿔뿔이 흩어져 다른 곳에 취업을 하는 등 각자의 길을 걸었다.

그러다가 2021년 다시 상승장이 찾아왔다. 주변에서 코인 투자 이야기가 들리자 A씨는 문득 몇 년 전에 사뒀던 그 토큰의 존재가 생각났다. 온라인 검색을 통해 토큰 이야기를 찾아봤지만 2019년을 마지막으로 개발팀은 어떠한 공지도 올리지 않았다.

작은 희망을 품고 거래소에 접속해본 A씨. 다행히도 여전히 해당 토큰은 거래소에서 거래되고 있었다. 지금이 마지막 기회라고 판단한 그는 몇 년 동안 묵혀두었던 코인을 매도한 뒤 현금으로 자산을 전환했다.

좀비코인을 각별히 조심하자

이처럼 개발 활동이 중단되었지만 거래소에 상장된 채 남아 있는 코인들이 있다. 블록체인의 가장 큰 특성은 탈중앙화. 개발팀은 떠났지만 여전히 전송이 가능한 경우가 많다.

특히 이더리움 기반으로 찍어낸 '토큰'들이라면 더욱 그렇다. 이들은 이더리움 네트워크를 이용하기 때문에 이더리움이 멈추지 않는 이상 주고받는 데 문제가 없다. 이에 가상자산거래소도 몇 년간 상장폐지하지 않고 거래지원을 이어간다.

시장에서는 이를 죽었지만 죽지 않는 '좀비코인'이라 부른다. 하지

좋은 코인, 어떻게 고르면 좋을까요?

만 좀비코인은 보안 취약점이 발견되어도 제때 대응할 수 없다. 해킹이나 시스템 오류가 발생해도 해결이 불가능한 경우가 대다수다.

일부 악의적인 세력은 좀비코인을 이용해 시세 조작을 시도하기도 한다. 거래량이 거의 없다가 갑자기 폭등하는 코인은 대부분 이런 경우다. 개발팀도 없는 코인이 갑자기 상승한다면, 누군가의 시세 조작을 의심해봐야 한다.

좀비코인은 언제든 상장폐지되어도 무리가 아닌 코인들이다. 최근에는 국내에서도 이용자보호법 등 법이 마련되면서 가상자산거래소도 좀비코인에 기민하게 대응하고 있다. 주기적으로 코인 개발팀을 체크해 현황을 체크한다. 이때 거래소와 연락이 닿지 않거나 연락이 되더라도 제대로 된 자료를 제출할 수 없는 코인은 유의종목으로 지정된 후 일정 기간을 거쳐 상장폐지에 이른다.

프로젝트의 생존 여부는 커뮤니티를 통해 알 수 있다. 개발팀이 떠났더라도 탈중앙화된 커뮤니티의 개발자들이 한 명 한 명 모여 계속 생태계를 유지하고 발전시켜나가고 있다면 오히려 건전한 방향으로 성장중이라고 볼 수 있다. 하지만 6개월 이상 아무도 해당 코인의 발전 방향에 대해 논의하지 않거나 개발사가 공식적으로 프로젝트 종료를 공지한 후 방치되고 있다면 투자를 다시 고려해보는 것이 좋다.

'코인 사기'는 실제 시장에서 어떤 식으로 이루어지나요?

투자는 '하이 리스크, 하이 리턴'이라는 것을 명심해야 한다. 투자에 성공하면 잭팟이겠지만, 실패한다면 투입한 원금까지 모두 사라질 수 있다. 게다가 이런 심리를 악용한 사기 위험도 도처에 도사리고 있다.

수상한 피라미드 구조를 경계하라

사기를 당하는 사람은 정해져 있을까? 꼼꼼히 따져본다면 사기 피해에서 자유로울 수 있을까? 그렇다고 말하고 싶지만, 실상은 그렇지 않다. 실제 피해자들은 한순간 무언가에 홀린 듯 본인도 알아차리지 못한 사이 큰돈을 잃게 된다고 말한다. 학력, 경력, 지식이 무용지물이 되는 순간이 온다. 하지만 과거 발생했던 사기 사건의 사례를 미리 알고 있다면 수상함을 탐지하고 피해를 예방할 수 있는 확률이 올라간다.

아래는 필자가 직접 듣고 목격한 사례를 각색한 내용들이다.

은퇴 후 자영업을 하고 있던 60대 A씨. 코인 회사에 투자하면 큰 수익을 볼 수 있다는 친구의 말을 듣고 투자를 결심했다. 친구는 A씨에게 최소 800만 원을 투자해야만 코인을 받을 수 있고, 회사가 이익이 나면 이자도 받을 수 있다고 설명했다.

A씨가 친구로부터 들은 투자 방법은 아래와 같다.

- 최소 투자 금액 800만 원. 이후에도 800만 원 단위로 추가 투자 가능
- 800만 원당 한 개의 계좌가 개설됨
- 회사가 사업 수익이 날 때마다 한 개 계좌에 이익을 이자 형태로 배분
- 이자는 피라미드 구조로, 첫 소개해준 사람부터 가장 마지막에 투자한 사람까지 차등 배분하는 구조임

A씨는 투자할 회사가 어떤 사업을 하는지 정확히 듣지 못했다. 그저 코인 관련 사업을 하고 있다는 것만 전달받았다. 하지만 평소에 '코인으로 대박 났다'는 사례를 많이 들어온지라 덜컥 투자를 결정했다. 그는 계좌 2개를 개설하기로 하고 친구에게 1,600만 원을 이체했다. 약속했던 이자는 한 계좌당 월 100만 원이었지만, 친구는 A씨의 경우 초기 투자자가 아니기 때문에 등급이 낮아 매달 각 50만 원의 이자를 받을 수 있다고 설명했다. 처음 투자해 A씨보다 윗단계

에 있는 투자자들이 나머지 50만 원을 나눠 갖는다고 했다. 16개월이 지나면 투자한 원금은 회수할 수 있고, 그 뒤로는 이자 수익이 꾸준히 쌓이는 구조라고 설명했다.

실제로 서로 함께 알고 있는 지인 중 매달 100만 원씩 이자를 받는 사람도 있다고 소개시켜줬다. A씨는 친구의 말을 믿을 수밖에 없었다. 한 달에 계좌당 50만 원씩 총 100만 원만 받아도 곧 투자 원금을 넘어설 테니 남는 장사라고 생각했다.

실제로 투자 후 반년간은 매달 각 계좌당 50만 원, 총 100만 원의 이자가 A씨에게 지급되었다. 하지만 행복은 오래가지 못했다. 6개월이 넘어가자 매달 꼬박 들어오던 이자 지급이 지연되었다. A씨는 친구를 믿고 기다렸지만 명쾌한 답을 들을 수 없었다. 사소한 문제가 발생해 잠시 지급을 중단했으니 믿고 기다려보라고 했다. 하지만 그렇게 몇 달이 더 지났고, 결국 A씨가 들은 소식이라고는 운영자가 사기 혐의로 조사를 받고 있다는 언론 보도뿐이었다.

사기임을 알게 된 A씨는 친구로부터 받은 계약서를 주변에 보여주며 투자피해의 억울함을 호소했다. 계약서를 본 주변사람들은 경악을 금치 못했다. A4용지 한 장, 그 위에는 굵은 펜으로 적은 손글씨가 담겨 있었다. 구체적인 계약 내용이 아닌 '설명서'에 가까웠다. '800만 원씩 총 두 구좌 개설. 매달 이자 받을 수 있음. 수익이 나면 단계별로 이자 지급 등' 간단한 내용만 메모 형식으로 적혀 있었다. 계약 당사자가 갑과 을의 형태로 적혀 있지도 않았다. A씨가 계약서라고 믿고 있던 서류는 사실 누가 적었는지도 알 수 없고 누구와 계약했는지도 알 수 없는 종이에 불과했다. A씨는 결국 투자금을 포기해야 했다.

번지르르한 첨단 기술은 사기일 가능성이 높다

50대 B씨는 동네 이웃의 권유로 한 기업의 투자 설명회에 참석했다. 한 번도 투자라고는 해본 적이 없던 B씨는 처음에는 내키지 않았지만 이웃은 '우리 같은 가정주부도 돈을 벌 수 있는 기회가 있다'라며 B씨를 설득했다. B씨는 한 번 들어보고 별로면 투자하지 않겠다는 가벼운 마음으로 설명회에 참석했다.

설득하기 쉽지 않은 투자자 같아 보였던 B씨지만, 설명회가 끝나고 나서는 해당 기업이 발행한다는 코인을 1억 원어치 구매하기로 결정했다. 자녀 결혼자금을 위해 모아둔 돈이었지만 투자가 성공한다면 지금 투자한 1억 원이 10억 원, 아니 100억 원도 될 수 있다는 믿음이 생겼다.

코인은커녕 주식 투자도 해본 적 없는 B씨가 한 번의 설명회만 듣고 돌연 큰돈을 투자하기로 결정한 이유는 무엇일까? 그 어디서도 들은 적 없던 엄청난 기술력을 가진 회사가 나타났다고 믿었기 때문이다. 회사의 사업 아이템은 '집에서도 건강검진 효과를 누릴 수 있는 안마의자'였다. 그 회사 대표는 자신은 오랜 기간 안마의자 렌탈 사업을 해온 사람이라고 스스로를 소개했다. 그동안 렌탈만 했던 것이 아니라 회사를 꾸려 유명 안마의자 기업도 만들지 못한 기술을 조용히 개발했고 이제 세상에 공개한다고도 말했다.

회사 대표의 언변은 뛰어났다. 들으면 누구나 혹할 만하다. 누워서 안마를 받으면 기계가 고혈압과 고지혈증 등 성인병을 미리 탐지해내고, 이를 데이터로 뽑아 매일 사용자에게 안내한다고 했다. 곧 안마의자 시장에 혁신이 일어날 것이고, 안마의자 렌탈료는 회사가 발행한 코인으로만 납부할 수 있다고 말했다. 수천만 명이 이 혁신적인 안마의자를 원할 것이고, 덩달아 유일한 결제수단인 코인의 가격도 상승할 것이라고 설명했다. 그리고 그간 운영해온 렌탈 사업 유통망이 있기 때문에 안마의자의 출시와 성공은 이미 따놓은 당상이라고까지 이야기했다.

결과는 어떻게 되었을까? 회사가 주장했던 안마의자는 세상에 등장하지 못했다. 그나마 다행인 것은 B씨는 투자 직후 회사로부터 바로 코인을 개인지갑으로 건네받은 점이다. 이후 해외의 작은 거래소에 상장되긴 했지만 100배로 가치가 불어나긴커녕 아무도 이를 거래하지 않아 가격은 계속 하락했다. B씨가 투자한 1억 원은 100만 원이 되었고, 결국 B씨는 100만 원이라도 건져야 한다는 마음으로 가족에게 투자 사실을 털어놓았다. 그리고 자녀의 도움으로 해외 거래소에서 코인을 이더리움으로 바꾼 후 국내 거래소로 옮겨 다시 현금으로 교환했다.

● 좋은 코인, 어떻게 고르면 좋을까요?

이 사례에서 알 수 있는 것은 누군가 엄청난 기술을 개발했다고 주장할 때는 한 번쯤은 다시 생각해봐야 한다는 점이다. 해외 유명 기업과 국내 대기업도 구현해내지 못한 기술을 그들이 갑자기 어떻게 만들어냈는지 논리적으로 따져봐야 한다.

물론 모든 경우가 다 사기인 것은 아니다. 한 기술에 대해 한 우물을 판 중소·중견 기업이 기적을 만들어낼 수도 있다. 하지만 B씨의 사례에서는 아니었다. 해당 기업이 해외에서 안마의자 렌탈 사업을 했던 것은 맞지만 규모는 크지 않았다. 또한 한 번도 제조나 연구개발(R&D)을 해본 적이 없던 회사였다. 이제 막 돌을 지난 갓난아이가 영어로 소설을 쓴다는 것과 다름없는 주장으로 사람들을 속인 것이다. 확인이 어려운 해외 사업 사례와 복잡한 기술 구조를 설명하면서 사람들을 현혹시킨 것이다.

화려한 홍보 문구에 현혹되지 말자

앞서 알아본 사기 사례의 공통점은 무엇일까? 이들은 '고수익 보장'이나 '운명을 바꿀 기회' 등 자극적인 홍보 문구로 투자자를 현혹했다. 또한 실제로 초기에는 투자자들에게 수익이나 이자 등을 지급하면서 신뢰 관계를 쌓다가 큰돈이 모일 때쯤 수익 배분을 멈추고 모아둔 투자금을 챙겨 잠적했다. 누군가 부를 쌓을 기회를 나에게만 알려준다고 할 때는 한 번쯤 의심해봐야 한다. 다음과 같은 실제 피해 사례도 다수 존재한다.

2024년에는 가상자산을 판매·발행한다며 투자금을 챙긴 일당이 붙잡혔다. 이들은 1만 명이 넘는 투자자로부터 수천억 원을 받아 챙긴 혐의를 받았다. 이들은 원금의 20배, 운명을 바꿀 기회 등 자극적인 문구로 투자자를 현혹했다. 이들이 판매한 코인 중 일부는 본인들이 직접 발행한 의미 없는 코인이었다. 이후 브로커를 통해 해외 거래소에 상장시켜 그럴싸하게 코인을 포장했다.

2025년에는 고수익을 미끼로 2천 명에게 400억 원대 가상자산 투자사기를 벌인 불법 다단계 A 조직이 경찰에 붙잡혔다. 현행법상 3단계를 넘어서면 합법적 다단계가 아니다. A 조직은 다단계판매업 등록 없이 조직을 만든 후 메타버스 속 가상 부동산, 대체불가토큰(NFT) 등에 투자하거나 하위 투자자를 모집하면 수당을 주겠다며 투자금을 모았다. 이 회사의 실체는 없었다. 누군가 투자금을 넣으면 이를 다른 사람에게 배분하는 일명 '돌려막기'로 수년간 조직을 운영했다.

약 10년 전, 가상자산 시장 형성 초기에는 개인 투자자들도 ICO에 참여하는 등 유망 프로젝트 초기 투자자로 참여할 수 있는 기회를 얻을 수 있었다. 이때 코인 투자로 큰돈을 번 진짜 부자들도 존재한다. 하지만 시장이 성숙하면서 이제 전통 금융시장과 크게 다르지 않은 구조가 형성되었다. 기관투자자들이 먼저 초기 프로젝트에 투자할 기회를 얻는다. 프로젝트 팀이 공개적으로 '퍼블릭 세일'을 열지 않는 이상 개인이 극초기 단계에서 투자하거나 시장에 풀리지 않은 물량을 미리 받을 수 있는 일은 매우 드물다. 심지어 퍼블릭 세일도 극초기 단계가 아닌 경우가 많다. 주식 시장에 상장하기 전 공모주 청약을 진행하는 것과 비슷하게 되어버렸다.

개인투자자, 특히 초보 코린이가 투자하기에 가장 안전한 경로는 가상자산거래소를 거치는 것이다. 물론 거래소에 상장되었다고 해서 그 코인의 수익률이나 성공이 보장되는 것은 아니다. 증권시장에 상장된 모든 기업의 주가가 상승하기만 하는 것은 아닌 것처럼 말이다. 필자 역시 거래소에서 일부 알트코인을 매수해 큰 손해를 본 경험이 있다. 과거 포트폴리오 중 운영이 부실해 상장폐지를 당한 코인도 존재한다. 그 코인은 상장폐지와 동시에 아무런 가치가 없는 휴지 조각이 되어버렸다. 그럼에도 코린이 투자자에게 직거래 대신 거래소에서의 매매를 추천하는 것은 그나마 거래소를 통해 한 번의 검증 작업을 거친 코인만 상장되기 때문이다.

특히 최근에는 시장 정화 작용 필요성에 대한 목소리가 커져 거래소들도 보다 꼼꼼히 상장 요건을 따져보고 있다. 그나마 누군가 한 번 검토해준 코인에 투자한다면 투자 손실은 날 수 있어도 얼토당토 않은 다단계 피해는 예방할 수 있을 것이다.

 **막간 코너**

토크노믹스(Tokenomics) 해부하기

토크노믹스(Tokenomics)는 'Token(토큰)'과 'Economics(경제학)'의 합성어다. 단순히 한 코인이 몇 개나 발행되고 유통되는지 설계하는 것뿐 아니라 분배 구조, 순환, 인플레이션 혹은 디플레이션까지 다루는 개념이다. 간단한 구조를 가진 프로젝트도 있지만 대부분은 복잡한 구조로 토크노믹스를 설계한다. 이에 완벽하게 이해하기는 어렵지만 어느 정도는 내용을 파악해두는 것이 좋다. 한 기업의 주식에 투자할 때 지분구조와 배당 정책을 알고 투자하는 것, 반대로 모르고 투자하는 것이 천지 차이이듯 말이다.

분배구조를 확인하자!

초보 투자자도 백서에서 쉽게 확인할 수 있는 부분은 바로 토큰 분배 구조다. 전체 발행량이 100개라고 해서 모두 한 번에 시장에 풀려 거래되는 것은 아니다. 각기 다른 목적, 시기를 두고 시장에 순차 유통된다.
예를 들어보자. A코인의 전체 발행량이 100%라고 가정했을 때 △개발팀(설립자) 15% △초기투자자 15% △마케팅 비용 20% △일반투자자 ICO 20% △재단 운영 비용 30% 등으로 코인을 나눠 분배할 수 있다.
일반 투자자, 초기투자자 등은 A코인이 가상자산거래소에 상장했을 때 상장 가격이 구입 가격보다 높다면 이를 즉시 매도해버릴 수도 있다. 전량 매도한다고 극단적인 가정을 했을 때는 35%가 이렇게 시장에 풀리게 되는 셈이다. 운영 비용, 마케팅 비용은 필요에 따라 매도해 충당하기 때문에 시장에 순차적으로 유통된다.

'단기 하락 방지' 락업과 베스팅

그런데 초기 투자자가 한 번에 코인을 매도한다면, 시세 급락은 불 보듯 뻔하다. 개발팀의 무분별한 현금화도 종종 문제로 언급된다. 그래서 시장에는 락업(Lock-up)과 베스팅(Vesting)이 존재한다. 이는 주식시장도 마찬가지다. 락업은 일정 기간 동안 매도할 수 없는 약속이다. 베스팅은 정해진 물량을 일정 기간에 걸쳐 나누어 해제하는 방식이다.

예를 들어, 개발팀이 전체 토큰의 20%를 보유하고 있다면:
1년 락업 + 3년 베스팅: 1년 후부터 3년에 걸쳐 매달 조금씩 해제
6개월 클리프 + 2년 베스팅: 6개월 후부터 2년에 걸쳐 점진적 해제
베스팅 일정은 '베스팅 스케줄'이라고 부르며, 대부분 백서나 공식 문서에 명시되어 있다. 이 일정을 모르고 투자했다가 갑작스런 가격 급락을 경험하는 경우가 많다.

소각(Burn)과 바이백, 코인판 주주가치 제고 방안

토크노믹스에서 흥미로운 또 다른 부분은 공급량 조절 메커니즘이다. 크게 소각(Burn)과 바이백(Buyback)으로 나뉜다. 소각은 토큰을 영구적으로 제거하는 행위다. 주식시장에서도 유통량을 줄이고 주가를 높이

기 위해 기업이 자사주를 장내 매입 후 소각하는 사례를 목격할 수 있다. 가상자산 시장에도 투자자를 위한 각 프로젝트별 정책이 존재한다. 바이낸스코인(BNB)이 대표적인 사례다. 분기마다 바이낸스 거래소 수익의 일부로 BNB를 매입해 소각한다. 전체 공급량이 줄어들면서 희소성이 증가하는 효과를 노린다.

바이백은 프로젝트팀이 시장에서 자사 토큰을 재매입하는 것이다. 주식시장의 자사주 매입과 같은 개념이다. 토큰 가격 하락 시 지지선 역할을 한다. 일부 디파이(DeFi) 프로토콜들은 사전에 설정된 조건값에 따라 자동으로 수익의 일정 비율을 토큰 바이백에 사용하거나, 거래 수수료로 받은 토큰을 소각하는 메커니즘을 도입하고 있다.

비트코인을 샀다고 해서 투자가 끝나는 것은 아니다. 비트코인 매수 후에도 지갑 관리, 세금, 보안 등 놓치기 쉬운 후속 과제가 기다리고 있다. 안전하게 보관하고 현명하게 활용하는 방법을 배워야 진짜 투자자로 성장할 수 있다.

5장

비트코인 샀어요!
이제 뭘 하면 되나요?

코인 시장의 거래량은 어떤 '시그널'을 알려주나요?

코인 시장에서 거래량은 시세 못지않게 중요하다. 해당 코인에 대한 시장의 관심도를 보여주기 때문이다. 때로는 시총 1위인 비트코인보다 다른 알트코인의 거래량이 더 많을 때도 있다. 거래량이 중요한 이유를 알아보자.

비트코인이 늘 1번인 것은 아니다

가상자산거래소 앱을 켜면 보이는 대부분의 첫 화면은 거래창이다. 거래 가능한 코인 종목들이 줄줄이 나열되어 있다. 이때 기본 정렬 순서는 거래량이다. 24시간 동안 거래가 많이 이루어진 코인부터 거래가 없었던 순서로 종목을 표시한다. 간혹 신규 상장이 이루어졌을 경우 거래량과 무관하게 일시적으로 신규 종목을 가장 윗부분에 표기하기도 한다.

앞서 설명했듯이, 거래소 첫 화면에 보여지는 종목은 거래량이 많은 순으로 나열된다. 그런데 첫 순번이 비트코인이 아닌 경우를 종종 찾아볼 수 있다. 비트코인은 시가총액이 가장 큰 가상자산이지만 늘 거래량이 가장 많은 건 아니기 때문이다.

국내서 인기가 많은 엑스알피(리플), 도지코인이 비트코인을 제치고 거래량 1위를 차지하기도 한다. 혹은 이름을 전혀 들어보지 못한 알트코인 가격이 갑자기 급등락을 반복하면서 맨 윗 순번까지 올라가는 경우도 발생한다. 거래량은 시장 상황을 알려주는 하나의 지표다. 해당 코인에 대한 시장의 관심도를 알려준다. 일론 머스크의 트윗 한 줄로 도지코인에 거래량이 몰리기도 하고, 미국 SEC와의 소송 결과에 따라 엑스알피 거래량이 출렁일 때도 있다.

특정 코인의 거래량이 급증한다는 것은 시장의 뜨거운 관심을 의미한다. 반대로 거래량이 급감하면 투자자들의 관심이 식었다는 신호다. 몇천억 원, 많게는 조 단위로 거래되는 윗순위 코인들과 달리 아래로 갈수록 거래량은 줄어든다. 하루 억 단위 거래량을 겨우 달성하기도 한다. 거래 규모가 적은 거래소일 경우 이 간극은 더욱 커진다. 몇천만 원, 몇백만 원이 거래되는 것도 부지기수다.

거래량 증가가 반드시 좋은 신호는 아니다. 가격이 폭락할 때도 거래량이 폭증하는데, 이는 투자자들이 패닉셀링(공포성 매도)에 나섰다는 의미다. 따라서 거래량은 항상 가격의 움직임과 함께 살펴야 한다.

거래량이 극히 적은 코인은 투자에 신중해야 한다. 거래가 활발하지 않으면 원하는 가격에 매수나 매도가 어렵다. 예를 들어 1천만 원어치를 매도하고 싶어도, 하루 거래량이 100만 원 수준이라면 매도 자체가 불가능하다.

일부 악의적인 세력은 거래량이 적은 코인을 노린다. 소액의 자금으로도 가격을 크게 움직일 수 있기 때문이다. 거래량이 급증하면서 가격이 폭등한다면, 이땐 누군가의 시세 조작을 의심해보아야 한다.

건전한 거래량의 조건

건전한 시장에서는 거래량이 일정한 패턴을 보인다. 시장이 활발할 때는 증가하고, 반대로 조용할 때는 감소하는 식이다. 반면 비정상적인 거래량은 갑자기 폭증했다가 곧바로 사라진다. 이는 자연스러운 시장의 흐름이 아닌 인위적으로 조작되었을 가능성을 시사한다.

장기 투자를 고려한다면 꾸준한 거래량을 보이는 코인을 선택해야 한다. 업계 전문가들은 하루 거래량이 시가총액의 1% 이상이면 유동성이 충분하다고 본다. 거래량이 너무 적으면 나중에 매도하기 어려울 수 있다는 점을 명심하자.

시장의 온도를 재는 가장 좋은 방법은 거래량을 보는 것이다. 거래량은 거짓말을 하지 않는다. 투자자들의 실제 참여도를 보여주기 때문이다. 가격만 보고 투자하지 말고, 거래량이 들려주는 시장의 목소리에도 귀를 기울여야 한다.

왜 스테이킹을
코인계의 정기적금이라고 하죠?

내가 갖고 있는 자산을 놀게 하지 않기, 바로 이것이 재테크의 1원칙이다. 가상자산 시장에서도 마찬가지다. 내가 보유하고 있는 코인을 활용해 추가적인 부수익을 올릴 수 있으니 그 방법을 잘 알아두자.

'코인계의 정기적금'이라 불리는 이유

시장금리가 높아 유동성이 줄어들면 투자자들은 주식 대신 은행의 예적금으로 눈을 놀린다. 수익은 적지만 원금이 보장되고 정기적으로 이자를 받을 수 있기 때문이다. 투자 실패보다는 나은 선택지다. 가상자산 시장에도 비슷한 개념이 있다. 바로 '스테이킹'이다.

스테이킹은 자신의 코인을 블록체인 네트워크에 맡기고 보상을 받는 방식이다. 은행에 돈을 예치하고 이자를 받는 것과 비슷하다. 다만 은행이 아닌 탈중앙화된 블록체인 시스템에 의해 보상을 받는다는 점에서 차이가 있다.

　채굴이나 블록체인 트랜잭션 검증을 전업으로 하는 개인 혹은 기업은 블록체인 네트워크에 참여해 스테이킹을 직접 진행할 수 있다. 하지만 대부분의 가상자산 투자자는 거래소가 제공하는 스테이킹 서비스를 사용한다. 부담스러운 최소 물량을 여러 명이 동참해 맞출 수 있고, 방법도 간단하기 때문이다.

　이더리움을 예로 들어보자. 이더리움 스테이킹에 참여하려면 최소 32ETH가 필요하다. 이더리움 가격이 개당 530만 원이라면 1억 7천만 원에 달하는 자금을 마련해야 하는 셈이다. 이더리움 네트워크는 이 예치물량을 기반으로 새로운 블록을 생성하고 거래를 검증한다. 그 대가로 스테이킹을 진행한 투자자에게 연 4~5%의 보상을 지급한다.

　하지만 웬만한 자산가가 아니고서야 이더리움 32개를 장기 스테이킹을 할 수 있는 개인은 그리 많지 않다. 당장 2억 원에 가까운 자금을 마련하는 것도 쉽지 않다. 이에 거래소들은 투자자들의 코인을 모아 스테이킹에 대신 참여하고, 그에 따른 보상을 분배해준다. 거래소가 지정하는 최소 수량만 맞춘다면(예: 0.2개) 스테이킹에 참여할 수 있다.

　먼저 거래소는 각 투자자들로부터 0.2개, 0.5개씩 이더리움을 모은다. 한 명이 10개를 채우는 것도 가능하다. 이렇게 해서 합산 수량이 32개에 도달하면 스테이킹에 참여한다. 받은 보상은 각 투자자가 투입했던 비율에 따라 분배해 돌려준다. 대신 거래소가 소정의 운영 수수료를 떼어가는데, 대부분의 경우 수수료는 보상의 10% 정도로 책정되어 있다.

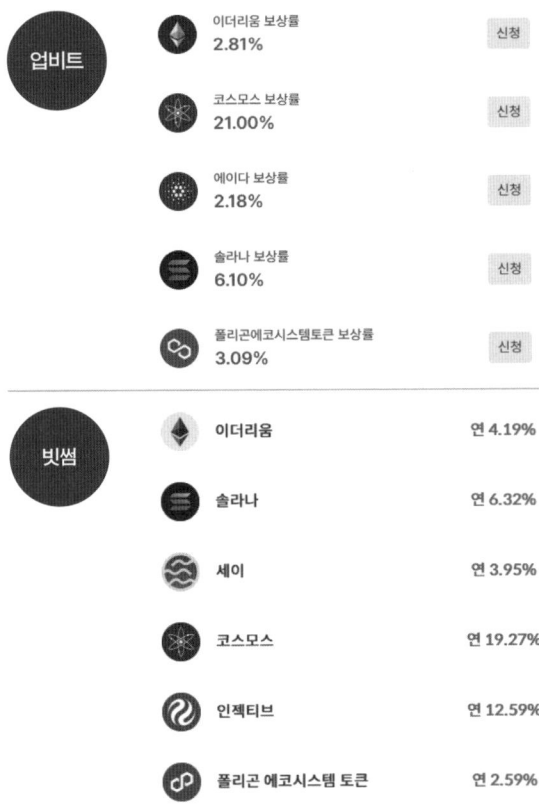

업비트와 빗썸이 제공하는 스테이킹 서비스

출처: 업비트, 빗썸

스테이킹의 장점과 단점

스테이킹의 가장 큰 장점은 '원금 보장'이다. 물론 스테이킹 과정 중 블록체인이 해킹당해 코인을 도난당하거나 규칙을 어겨 시스템이 코인을 몰수하는 최악의 경우도 생각해야 하니 100% 보장이라고 장담할 순 없다. 시스템이 부정행위를 적발해 코인을 몰수하는 작업을 '슬래싱(Slashing)'이라고 한다.

여기서 원금은 투자한 원화의 가격이 아닌 코인의 개수를 말한다. 내가 이더리움 2개를 맡겼다면, 돌려받을 때는 이 2개에 보상까지 더한 수량을 수령할 수 있다. 다만 이더리움을 처음 살 때 가격이 400만 원이었지만 수령할 때 시세가 390만 원으로 하락하는 경우는 막을 수 없다. 그럼에도 하락장에서도 수익을 낼 수 있다는 것은 엄청난 장점이다. 코인 가격이 떨어져도 스테이킹 보상은 계속 쌓인다. 연 5%의 보상을 받는다면, 가격이 10% 하락해도 실질 손실은 5%로 줄어든다.

물론 스테이킹에도 위험은 있다. 우선 '락업 기간'을 주의해야 한다. 대부분의 스테이킹은 일정 기간 동안 코인을 잠가둔다. 네트워크 보안에 일조하는 대가로 보상을 지급하기 때문이다. 스테이킹 물량을 돌려받는 '언스테이킹'에는 짧게는 몇 시간, 길게는 몇 주가 걸릴 수 있다. 만약 급하게 현금화가 필요하거나 시장이 폭락·폭등했을 때는 대응하기가 어렵다.

이를 보완하기 위한 선택지도 존재한다. 일부 거래소들은 '데일리 스테이킹'이라는 서비스를 제공중이다. 언스테이킹 기간 없이 즉시 원금과 보상을 돌려준다. 거래소가 미리 투자자에게 돈을 돌려주고, 추후 언스테이킹 때 받는 금액에서 정산해 가져가는 방식이다. 다만 이는 보상률이 낮다.

모든 코인이 스테이킹을 제공하지는 않는다. 블록체인이 선택하고 있는 채굴과 합의 방식에 따른다. 비트코인은 스테이킹이 불가능하고, 이더리움, 솔라나, 카르다노 등 대부분의 알트코인은 스테이킹을 지원한다.

스테이킹을 고려한다면 다음 사항을 체크해야 한다. 연간 보상률이 얼마인지, 락업 기간은 어떻게 되는지, 최소 예치금액은 얼마인지 등을 꼼꼼히 살펴봐야 한다. 너무 높은 보상률을 제시하는 경우는 의심해봐야 한다. 보상률이 연 20%를 넘어간다면 지속 가능성이 떨어질 수 있다.

스테이킹은 가상자산 투자의 새로운 옵션이다. 단기 시세 차익을 노리는 투자가 아닌, 장기적인 관점에서 꾸준한 수익을 추구하는 투자자에게 적합하다. 하지만 결국 코인 가격의 변동 위험에서는 자유롭지 않다는 점을 잊지 말아야 한다.

갑자기 공짜로 생긴 에어드랍,
누가 내게 주는 건가요?

아이폰을 사용하는 유저라면 '에어드랍'으로 근처에 있는 다른 기기 유저에게 사진이나 문서 등을 전송할 수 있다. 코인 시장에도 에어드랍이 있다. 거리는 상관없고, 특정 코인을 갖고 있으면 공짜로 추가 코인이 생긴다.

에어드랍이란 무엇인가?

어느 날 갑자기 거래소를 켜보니 자산 목록에 모르는 코인이 추가되어 있다면? 나도 모르게 매수 버튼을 눌렀던 걸까? 계정이 해킹당한 걸까? 여러 가지 생각이 머리를 스쳐갈 것이다. 하지만 놀라지 않아도 된다. '에어드랍' 때문일 가능성이 크다. 에어드랍은 말 그대로 공중에서 뿌려지는 코인이다.

에어드랍은 특정 조건을 만족하는 코인 지갑 주소로 코인을 무료로 배포하는 행위다. 보통 새로운 프로젝트가 자신들의 코인을 홍보

하는 용도로 에어드랍이 활용된다.

대부분의 에어드랍은 특정 조건을 충족해야 받을 수 있다. 예를 들어 이더리움 계열의 새로운 토큰을 발행한다면, 개발사는 이더리움을 갖고 있는 투자자들에게 자신들의 토큰을 무료로 지급하면서 사전에 이름을 알릴 수 있다. 혹은 SNS에서 개발사가 진행하는 이벤트에 참여한다면 코인 발행 시 이를 먼저 에어드랍으로 받아볼 수 있다.

예시도 있다. 2025년 1월 업비트에 '비토르토큰'이라 불리는 가상자산이 상장되었다. 이제 막 상장되었지만, 이미 거래지원 전부터 일부 업비트 투자자들의 자산목록에 비토르토큰이 들어 있었다.

그 이유는 비토르토큰이 '비체인'이라는 메인넷을 사용하는데, 비체인을 보유한 투자자들에게 그간 꾸준히 자신들의 토큰을 에어드랍 해놓았기 때문이다. 업비트를 비롯해 비체인을 상장했던 일부 거래소들은 해당 기간 동안 비토르토큰 개발팀이 에어드랍한 물량을 한번에 받아 다시 고객들에게 보유량만큼 자동 분배해주었다.

이처럼 거래소 자산 현황에서 '소액자산'을 펼쳐보면 아직 거래소에 상장되지 않아 가치를 책정할 수 없는 코인이 무수히 많이 들어와 있는 경우를 발견할 수 있다. 다만 모든 거래소가 모든 에어드랍을 지원하지는 않는다는 점을 유의해야 한다.

각 거래소마다 에어드랍 지원 종목, 스냅샷(특정 시점의 코인 보유량을 확인하는 행위) 시점 등을 공지사항을 통해 알리고 있다.

공짜면 무조건 좋은 것 아닌가?

'공짜로 돈을 준다니, 너무 좋은 거 아냐?'라고 생각할 수 있지만 사실 에어드랍이 늘 반가운 선물은 아니다. 가치가 없는 '스팸 토큰'이 무차별적으로 살포되는 경우가 많기 때문이다. 비토르토큰은 거래소에 상장되어 가치가 생겼지만 에어드랍되는 가상자산 중 대다수가 거래소에 상장되지 않아 가치를 책정할 수 없다. 사고팔 수 없는 것은 당연하고, 오히려 보유자산 목록을 지저분하게 만들어 짜증을 유발하기도 한다.

더 위험한 것은 '사기 에어드랍'이다. 사기 집단이 에어드랍을 하나의 범죄 수단으로 사용하기도 한다. 에어드랍을 미끼로 투자자들에게 메일을 보내 링크를 클릭하게 하는 수법이 보편적이다. 가짜 택배 수령 안내를 보내 링크를 클릭하게 하는 금융사기 수법과 크게 다르지 않다. 거래소의 공지사항인 것처럼 위장한 메일도 많다. 에어드랍을 받을 수 있다고 해서 링크를 클릭하거나, 거래소 계정 혹은 개인 코인지갑 정보를 알려줄 경우 해킹을 당해 자산을 잃을 수 있다.

그럼에도 에어드랍은 쏠쏠한 재미를 준다. 스마트폰에 캐시워크 앱을 깔아서 하루 몇백 원, 몇천 원씩 벌어들이는 것처럼 에어드랍을 찾아다니는 코인러들도 종종 발견할 수 있다.

에어드랍 소식은 프로젝트의 공식 채널이나 커뮤니티를 통해 확인할 수 있다. 트위터, 디스코드, 텔레그램 등에서 공지가 올라온다. 하지만 그중에서는 앞서 언급한 것처럼 해킹을 노리는 피싱 사이트들도 많다. 이에 무조건 많은 에어드랍을 노리기보다는, 관심 있는 프로젝트의 에어드랍 소식을 눈여겨보고 있다가 검증된 공식 루트를 통해 참여하는 것이 좋다. 안전하게 활용한다면 에어드랍은 쏠쏠한 보너스가 될 수 있다.

비트코인 장투와 알트코인 단타, 뭐가 더 유리한가요?

비트코인을 장기 보유하고 있는 A씨는 시세가 상승해도, 하락해도 팔지 않고 있다. 반면 시세 변동에 따라 매매하는 B씨의 주 종목은 알트코인인데, 오르면 팔고, 내려가면 산다. 둘 중 누구의 수익이 더 좋을까?

통계로 보는 코인 수익률

가상자산 투자자들과 이야기를 나누다 보면 소위 '비트코인 맥시멀리스트'들을 종종 만나게 된다. 줄여서 '비트맥시'라고 부르기도 한다. 이들은 비트코인에 대한 신뢰가 남들보다 매우 높다. 장기적으로 비트코인이 디지털 골드로 채택될 것이라고 믿거나, 일부는 다른 알트코인의 가치에 의문을 표한다. 그래서 이들은 비트코인을 좀처럼 매도하지 않는다.

여기서 의문이 든다. 시세창을 바라보면 가격 변동이 심하지 않은 비트코인보다 하루에 30~50%까지 오르는 알트코인에 투자하는 것이 더 이득일 것만 같다. 알트코인으로 '단타' 투자를 잘 굴린다면 부자가 될 수 있지 않을까?

투자 시장에서 정답이라는 것이 있을까? 시시각각 변화하는 시장 상황에서 정답이란 없다. 하지만 지수와 통계를 활용해 시장 흐름을 미리 예측해볼 수 있다. 의외로 비트코인처럼 무거운 종목이 장기적으로 더 높은 수익률을 기록하기도 한다. 이렇게 시세 급등락이 적은 종목을 '로우볼 종목'이라고 부른다.

2025년 7월 31일 기준 업비트가 제공하는 '디지털자산지수(UBCI)'에 따르면 '로우볼 Top5' 인덱스의 한 달 수익률은 44.0%다. 기간을 3개월로 늘리면 30.9%, 1년으로 보면 154.51%의 수익률을 기록하고 있다. 업비트 로우볼인덱스는 낮은 변동성을 보인 가상자산 종목 5개를 선정해 흐름을 보여주는 전략지수다. 비트코인, 트론, 맨틀, 스텔라루멘, 크로노스가 포함되어 있다. 종목 구성은 시세 흐름에 따라 변경된다. 그럼에도 비트코인은 늘 로우볼 인덱스에 포함되어 있는 편이다.

반대로 '모멘텀 Top5' 인덱스를 살펴보자. 과거 30일 동안 우수한 수익률을 보였던 종목을 보유하는 전략에 초점을 맞춘 지수다. 동일 기간 모멘텀 지수에는 지토, 에이브, 비트코인캐시, 트론, 유니스왑 등의 종목이 포함되었다. 이 지수의 한 달 수익률은 13.85%다. 3개월은 3.4%, 1년은 19.79%를 기록했다.

단기적으로는 변동성이 큰 알트코인의 수익률이 높을 수 있지만 장기적으로는 변동성이 낮은 종목의 수익률이 더 높은 것을 알 수 있다. 물론 매번 같은 추세를 보이지는 않는다. 장세에 따라 로우볼 인덱스 수익률이 더 낮은 경우도 발견된다. 인덱스는 어디까지나 가상자산 투자자가 참고하면 좋은 보조 지표다. 본인의 투자 성향에 따라 활용할 수 있는 정보들을 살펴본 후에 장기 혹은 단기 중에서 투자 포지션을 정하는 것이 가장 현명하다.

게다가 최근에는 UBCI인덱스처럼 가상자산의 시장 흐름을 파악할 수 있는 지표들이 속속 등장하고 있다. 로우볼 인덱스, 듀오 인덱스뿐 아니라 가상자산 테마별 상승폭, 비트코인을 제외한 알트코인의 시세 흐름 등을 한눈에 파악할 수 있다. 포지션을 정하는 데 도움을 줄 수 있는 정보들이다.

장기 투자 vs. 단기 투자의 장단점은?

단기 투자의 매력은 시장 상황에 빠르게 대응할 수 있다는 점이다. 급락장에서 빠져나와 자금을 보존할 수 있고, 상승장에서 레버리지를 활용해 고수익을 노릴 수도 있다. 하지만 그만큼 리스크도 크다. 수수료 비용이 늘어나고, 잦은 매매로 인한 심리적 스트레스도 감당해야 한다.

간혹 투자를 전업으로 하는 전문 트레이더들도 단기 투자에 실패해 처참한 수익률을 기록하기도 한다. 어떤 종목이 상승할지 좀처럼 감을 잡기 어려운 시장인 만큼 베테랑 투자자가 아니라면 단기 투자에서 쓴맛을 보는 경우가 많다.

장기 투자는 시장의 노이즈에서 자유롭다. 일시적인 하락에 일희일비하지 않고 가상자산의 장기 성장성에 베팅하는 전략이다. 다만 큰 하락장에서도 포지션을 유지할 수 있는 강한 멘탈이 필요하다. 언제 팔아야 할지 결정하는 일도 어렵다. 상승장에서 매도 타이밍을 잡기 어려울 수도 있다.

특히 알트코인에 장기 투자를 한다는 것은 정말 어려운 일이다. 가상자산 시장은 증시보다 상장이 쉽다. 일례로 유명한 개발팀이 발행한 코인의 경우 발행하자마자 거래소들이 너 나 할 것 없이 상장 경쟁을 벌인다. 상장이 쉬운 만큼 상장폐지도 자주 발생한다. 장기 투자용으로 산 코인이 어느 날 상장폐지되어 가치가 휴지 조각으로 변하는 경우도 실제로 목격했다.

결국 투자 종목과 기간은 개인의 상황과 성향에 맞춰 결정해야 한다. 시장을 면밀히 관찰하고 차트 분석에 자신이 있다면 단기 투자도 나쁘지 않다. 반면 본업이 있어 시장을 수시로 체크하기 어렵다면 장기 투자가 더 적합할 수 있다.

중요한 것은 자신의 투자 원칙을 정하고 이를 지키는 것이다. 방향성 없이 왔다 갔다 하다간 양쪽 모두에서 실패할 수 있다는 점을 명심하자.

코인을 현금화했는데,
은행 계좌로 출금해야 하나요?

가상자산거래소에서 코인을 팔았다면 그 돈은 어디로 갈까? 거래소에 이 현금이 예치금으로 남아 있다. 그런데 이 예치금을 다시 내 통장으로 보내서 쓰고 싶다면 어떻게 해야 할까? 그 방법을 잘 알아두자.

거래소 예치는 '투자 총알 확보'의 개념

가상자산을 매도해서 현금을 확보했다면 2가지 선택을 해야 한다. 거래소에 계속 예치해두면서 코인을 다시 매수하기 위한 자금으로 활용할 수 있다. 혹은 다시 은행계좌로 보내놓는 것도 가능하다.

거래소에 원화를 예치해두는 이유는 명확하다. 코인을 매수하고 싶을 때 즉시 대응할 수 있기 때문이다. 가상자산 가격이 비정상적으로 폭락할 때가 있다. 2024년 12월 3일, 계엄 선포 직후가 대표적이다. 국내에서만 패닉셀 물량이 쏟아지면서 1억 3천만 원이던 비트코인 가격이 순간 8천만 원까지 하락했다. 이때 일부 거래소는 접속자가 폭증해 앱이 열리지 않는 현상도 발생했다.

당시에 가장 이득을 본 사람들은 거래소에 원화 예치금이 있던 투자자들이었다. 저렴한 가격에 코인을 매수한 것이다. 공교롭게 은행 점검시간과도 맞물려 거래소로 이체가 불가능했을 뿐 아니라 앱 접속도 어려워 입금 버튼을 누르는 것도 오래 걸렸다. 하지만 이미 예치금이 있던 사람들은 그 자금을 활용해 가상자산을 저가에 매수하는 데 성공했다. 그 이후 비트코인을 포함한 대다수 코인이 글로벌 시세에 맞춰 제 가격을 회복했다.

2024년 7월 이후로는 또 하나의 이유가 생겼다. 가상자산거래소가 원화 예치금에 대한 이자를 지급한다. 정확한 명칭은 '예치금 이용료'다. 본래 거래소는 금융사가 아니기 때문에 유사수신 등 법률적 문제로 고객 예치금에 대한 이자를 지급하지 못했다(고객 원화 예치금은 은행이 보관하고 있다. 몇몇 은행은 이 예치금에 대한 이자를 거래소에 지급해왔지만, 정작 고객에게 돌아가지는 않는 구조였다).

이자율은 거래소별로 다르다. 매일 정산 후 분기별로 고객에게 이용료를 제공하는데, 1.3~2.2%까지 다양하다. 은행과 협업해 '수시 이자 받기'를 지원하는 거래소도 있다. 파킹통장에 예치하는 것과 같은 효과를 내기 때문에 굳이 이를 인출하지 않는 투자자도 늘고 있다.

예치금을 은행으로 다시 보내려면?

거래소에 원화를 예치해주면 이자도 받을 수 있고 즉시 코인을 매수할 수 있는 장점도 있다. 하지만 은행도 아닌 하나의 사기업을 믿고 내 돈을 예치해두는 것이 불안할 수 있다. 거래소가 파산하거나 내 돈을 마음대로 유용한다면 돈이 사라질 수도 있는 것 아닌가.

최근에는 가상자산이용자보호법 등 관련 규제법이 마련되어 돈을 완전히 잃을 위험은 적다. 하지만 5천만 원 한도 내에서 예금액을 보전해주는 예금자보호법 등의 적용은 받지 않고 있기에 불안할 경우 은행 계좌로 다시 현금을 출금하는 것도 좋은 선택이다. 갑자기 현금을 써야 하는 일이 있는 경우도 마찬가지다.

원화 출금 시에는 꼭 입금했던 은행 계좌로 돌려받아야 한다. 예금주명이 거래소 회원 실명과 일치해야 하고, 반드시 본인 명의로 되어 있어야 하는 것은 당연하다. 가족이나 지인 계좌로의 출금은 불가능하다.

또한 원화 출금 시에는 수수료가 발생한다. 대부분의 경우 건당 1,000원의 출금 수수료를 부과한다. 이 수수료는 거래소, 자금세탁방지 업체, 은행이 나눠 가진다. 수수료를 아끼려면 여러 번 나눠서 출금하기보다는 한번에 출금하는 것이 좋다. 원화 출금은 보통 10분 이내에 처리된다. 다만 은행 점검 시간이나 공휴일에는 처리가 지연될 수 있다. 특히 새벽 시간대에는 은행 전산 작업으로 출금이 제한

되는 경우가 많으니 참고해야 한다.

대규모 출금의 경우 거래소의 보안 점검이 추가될 수 있다. 이때는 처리 시간이 더 걸릴 수 있으며, 필요한 경우 거래소에서 별도로 연락이 올 수 있다. 최근 들어 가상자산거래소를 거치는 신종 보이스피싱 사기가 늘고 있어 거래소들이 꼼꼼히 각 출금 건을 확인하는 추세다.

 **막간 코너**

HODL이란 게 뭐죠?

가상자산 시장에는 독특한 용어와 은어들이 끊임없이 생겨난다. 그중에서도 가장 널리 알려진 용어가 바로 'HODL'이다. 이 단어는 사실 특별한 개념에서 탄생한 것이 아니라, 단순한 오타에서 비롯되었다. 하지만 시간이 지나면서 그 안에 담긴 의미가 시장 참여자들의 정서와 맞물려 하나의 문화로 자리 잡았다.

HODL의 기원은 2013년 12월, 비트코인 가격이 폭락하던 시기에 등장한다. 한 투자자가 비트코인 토론 게시판(Bitcointalk)에 술기운을 빌려 'I AM HODLING'이라는 제목의 글을 남겼다. 원래는 '나는 아직 보유하고 있다'라는 뜻의 'I am holding'이라고 써야 했지만 오타가 발생한 것이다. 본문의 글은 한탄에 가까웠다. 투자에 실패한 자신의 상황을 자조하면서도 단기매매 대신 그냥 버티겠다는 내용의 짧은 글이었다.

이 작은 실수는 그냥 묻히지 않았다. 급등락이 심한 가상자산 시장에서 투자자들은 흔들리지 않고 장기투자를 이어가는 글쓴이에게 공감했다. 'HODL'이라는 철자와 발음이 쉽게 기억하기 좋은 구조이기도 했다.

단순한 오타를 넘어 의지의 표상이 되다

흥미로운 점은, 실제로 당시 급락장에서도 팔지 않고 버텨내며 "HODL"을 외쳤던 투자자들은 이후 엄청난 수익을 거두었다는 점이다. 단기 급락에 일희일비하지 않고 장기 투자를 선택한 결과, 비트코인의 가치가 수십 배 상승하면서 'HODL러(HODLer)'라 불린 사람들은 시장의 승자로 자리매김했다. 이 때문에 HODL은 단순한 실수가 아닌, 가상자산 시장의 투자 철학 중 하나로 여겨지게 되었다.

현재 HODL은 하락장에서 투자 의지를 다잡는 밈으로 사용되고 있다. 우연히 생겨난 단어지만, 원글에 담긴 의미가 아직까지 많은 이들의 공감을 받은 덕분이다. 이제 코인의 가격 급등락에만 적용하는 단어가 아니게 되어버렸기 때문이다. '투기' '사기' 등 의심을 받아온 가상자산&블록체인 시장에서 끝까지 기술에 대한 믿음을 꺾지 않은 이들을 일컫는 단어가 되었다.

HODL이 투자자들에게 던진 교훈도 있다. 하나는, 급등락이 잦은 시장에서 쉽게 흔들리지 말고 긴 호흡으로 바라보라는 것이다. 다른 하나는, 무조건 버틴다고 다 좋은 결과를 얻는 것은 아니라는 경계다. 따라서 HODL은 맹목적인 신념이 아닌 '투자의 태도'에 대한 표현으로 받아들여야 한다. 때와 종목에 따라서는 단기 투자가 더 합리적인 선택일 때도 있기 때문이다.

거래소에만 맡겨두면 내 자산이 언제든 위험에 노출될 수 있다. 진짜 비트코인 투자자라면 개인 지갑을 통해 스스로 관리할 줄 알아야 한다. 출금, 수수료, 전송 과정까지 안전하게 다루는 방법을 익혀보자.

6장

비트코인을 투자자 스스로 관리하는 방법

비트코인 '개인 지갑'은
어떻게 사용하나요?

비트코인에 대한 정보를 찾다 보면 누군가 "셀프 커스터디가 필요하다"는 주장을 써놓은 글을 발견할 수 있다. 각 코인은 거래소가 아닌 개인 지갑에도 보관할 수 있다. 개인지갑에 대해 자세히 알아보자.

거래소 보관과 개인 보관의 차이점

코인 붐을 이끈 비트코인이 만들어진 목적은 '탈중앙화'다. 특정 기업이나 단체에 의존하지 않는 금융시스템을 만들고자 했다. 이에 비트코인을 포함한 대다수 가상자산은 직접 보관할 수 있다. 가상자산을 보관하는 장치를 지갑(월렛)이라고 부른다. 직접 보관·관리하는 행위는 '셀프 커스터디'라고 부른다. 블록체인과 비트코인의 탈중앙화 본래 목적에 따라 셀프 커스터디가 미덕이라고 하는 사람들도 있지만 대다수 투자자들은 보관의 어려움, 잃어버렸을 때의 리스크

등과 같은 문제 때문에 거래소 위탁 보관을 선호하는 편이다.

거래소에 코인을 보관하는 것이 은행에 돈을 맡기는 것이라면, 개인 지갑은 금고나 지갑에 현금을 보관하는 것과 비슷하다. 두 방법 모두 장단점이 있다. 거래소에 보관해두면 편리하다. 따로 관리할 필요도 없고, 원할 때 바로 매도해 현금화할 수 있다.

개인 지갑은 거래소에 보관하는 것에 비해 훨씬 불편하다. 비밀번호격인 프라이빗 키를 잘 관리해야 한다. 이 키를 잃어버리면 지갑에 접근할 수 없어 자산을 영영 잃을 수 있다. 복구 방법이 전혀 없는 것은 아니다. '니모닉 문구'라는 것이 있다. 일반 웹사이트에서는 이름과 주민등록번호를 입력하고 신원인증을 거치면 비밀번호를 찾을 수 있다. 하지만 지갑을 만들 때는 사용자의 신원을 입력하지 않는 경우가 대부분이기 때문에 내가 이 지갑의 주인임을 증명하는 것이 쉽지 않다. 이때 '비밀번호 복구 질문' 개념으로 니모닉 문구를 저장해두면 만일의 사태에 대비할 수 있다.

니모닉 문구는 보통 12~24개 단어로 구성된 조합이다. 현실적으로 니모닉 문구를 전부 머릿속에 외우기는 불가능하다. 연관 없는 단어의 조합을 나열 순서까지 그대로 맞춰야 하기 때문이다. 게다가 니모닉을 복사해 메모장, 워드파일 등 디지털 형태로 보관하는 것은 해킹의 위험이 있을 수 있다. 누군가 내 니모닉을 몰래 빼서 내 지갑을 해킹할 수도 있는 것 아닌가. 그래서 종이에 적어두는 것이 보편적이다. 하지만 종이에 적어두면 어디에 뒀는지 기억하지 못하는 참사가 발생할 수 있다.

실물 하드웨어가 있는 하드월렛도 크게 다르지 않다. 자칫 이사라도 하다가 하드월렛을 잃어버린다면 마찬가지로 돈을 찾을 수 없다. 이 사례는 이미 앞서 쓰레기장 해적단 사례에서 알아봤었다.

하지만 개인지갑은 거래소 파산, 해킹 등의 문제에서는 한층 자유로울 수 있다. 거래소 접속이 폭주해 서버가 마비되었을 때도 마찬가지다. 이때 거래소에 자산을 위탁 보관하고 있는 투자자라면 자신의 자산에 접근할 수 없지만, 개인 지갑에 보관중인 투자자는 자산에 자유롭게 접근할 수 있다.

내가 이용하려는 거래소의 규모, 자금 상태 등을 투자 전에 반드시 확인해야 하는 이유다. 일부 소규모 거래소는 해킹을 당해 코인을 탈취당했을 때 투자자들에게 보전해줄 재원이 없어 몇 년을 기다려도 돈을 돌려받지 못할 수 있다. 하지만 규모가 큰 곳들은 회사 자산을 활용해 곧바로 투자자 자산을 복구해준다. 바이낸스, 업비트 등의 거래소도 과거 거래소 지갑 해킹으로 자산을 도난당했지만 투자자 몫의 가상자산은 회사 재원으로 바로 충당해주었다.

뜨겁고 차가운 개인지갑의 종류

애초에 비트코인은 중개자 없는 개인 간 거래를 목적으로 만들어졌다. 이에 가상자산별로 별도의 '지갑'을 가지고 있다. 지갑의 종류는 2가지다. 하나는 핫월렛, 또 다른 하나는 콜드월렛이다.

핫월렛은 실물이 없는 온라인상에 존재하는 소프트웨어 형태의 지갑이다. 늘 온라인에 연결되어 있기 때문에 핫월렛이라고 표현한다. 대표적인 핫월렛은 메타마스크, 트러스트월렛 등이 있다.

콜드월렛은 실물이 있는 하드웨어 형태의 지갑이다. 이에 하드월렛이라고도 부른다. 컴퓨터에 연결하지 않는 평소에는 오프라인 상태를 유지한다. 자금 이동이 필요할 때만 온라인에 연결해 사용한다. 해외에서는 렛저 등을 주로 사용하며, 국내에도 디센트 지갑 등 하드월렛을 판매하는 기업이 있다. 개인 사용 기준으로 핫월렛은 대부분 무료로 생성할 수 있으며, 콜드월렛은 10만 원대의 구매 비용이 발생한다.

핫월렛은 편리하고 비용이 따로 발생하지 않지만, 늘 온라인에 연결된 구조이기 때문에 이 역시 해킹을 당할 위험이 있다. 가상자산 거래소의 해킹 피해도 대부분 핫월렛에서 발생한다. 투자자 피해를 최소화하고자 국내를 비롯해 가상자산 규제가 마련된 국가는 거래소에 일정 비율 이상의 고객 코인 자산을 꼭 콜드월렛에 보관하도록 규정하고 있다. 하드월렛은 해킹에서는 비교적 자유로운 편이나 구매 비용이 필요하고 기기를 연결해야 하는 번거로움이 있다. 그래서 보유한 코인 규모가 크지 않은 투자자들은 주로 핫월렛을 선택한다.

일단 가상자산 지갑을 만들면 지갑의 주소와 프라이빗 키가 생성된다. 지갑 주소는 은행 계좌번호와 같다. 지갑 주소를 알아야 코인을 송금할 수 있다. 다른 점은 정보 공개 범위다. 은행 계좌의 잔액은 계좌 소유주와 은행만이 알고 있지만, 블록체인은 누구에게나 투명하게 공개된 시스템인 만큼 이 지갑 주소를 알고 있다면 해당 지갑 주인의 거래내역을 추적하거나 보유중인 자산 규모도 파악할 수 있다. 개인키는 비밀번호와 같다. 절대 타인과 공유해서는 안 된다.

또 하나 중요하게 관리해야 하는 것은 니모닉 시드문구다. 편의상 '니모닉' 혹은 '시드문구'라고 부르는데, 읽을 수 있는 영어 단어로 구성되어 있다. 대부분 12개에서 24개 사이의 영단어 모음이 랜덤하게 제공된다. 추후 지갑 접근 키를 잃어버리거나, 기기를 변경했을 때 지갑 안에 있는 자산을 복구할 수 있게 도와주는 단어 모음이다.

니모닉 시드문구가 중요한 이유

앞서 간단히 설명한 니모닉에 대해 조금 더 자세히 알아보자. 과거에는 비밀번호를 잊어버렸을 때를 대비해 '질문'을 설정해두기도 했었다. '내가 졸업한 초등학교는?' 같은 나만 알 수 있는 질문에 답변을 미리 입력해두는 식이었다. 다시 비밀번호를 찾을 때 질문을 선택하고, 사전에 작성했던 답변을 올바르게 입력하면 비밀번호를 재설정할 수 있게 도와주었다.

니모닉 시드문구는 이런 비밀번호 찾기 질문과 같은 역할을 한다.

이에 꼭 이를 저장해두었다가 추후 문제 발생 시 자산을 찾는 데 사용해야 한다. 그냥 훅훅 넘겨버리고 시드문구 백업을 생략한 경우는 다시 자산을 찾기가 어려울 수 있다. 최근에는 휴대폰, 이메일 등을 통해 증명하는 개인지갑도 있지만 대다수 지갑이 익명성을 보장해 개인정보를 수집하지 않기 때문에 지갑의 주인이 '나'임을 증명하는 수단은 니모닉 시드문구뿐이다.

많은 전문가들이 코인 투자 초보자에게 처음부터 개인 지갑 사용을 권장하지는 않는다. 프라이빗 키, 니모닉 문구 관리가 간단해 보이지만 생각보다 잊어버리기 쉬운 요소들이기 때문이다. 종종 웹사이트의 비밀번호가 기억나지 않아 비밀번호 찾기 버튼을 누르고 있는 투자자라면 더더욱 그렇다. 우선 거래소에서 거래 경험을 쌓으면서 자산을 보관한 뒤, 시장에 대한 이해도가 생겨 탈중앙화거래소나 탈중앙금융(디파이)을 이용하고 싶어질 때 개인 지갑 사용을 고려해볼 것을 추천한다.

거래소에서 비트코인을
출금할 수 있나요?

코인 매매를 하는 A씨는 "디파이 서비스를 이용하려면 개인 지갑과 개인 지갑에 코인 보관이 필수"라는 이야기를 들었다. 이에 큰맘 먹고 거래소에서 이더리움을 출금해보려 한다. A씨는 무사히 출금에 성공할까?

거래소가 코인을 보관해주는데, 왜 출금을 하나?

앞서 대다수 가상자산은 개인 지갑에 보관할 수 있다고 설명했다. 즉 거래소에서 코인을 구매한 뒤 이를 외부로 옮기는 것이 가능하다는 뜻이다. 이렇게 외부로 코인을 전송하는 행위를 '코인 출금'이라고 한다. 내 지갑으로 보낼 수도 있고, 혹은 내가 보유하고 있는 타 거래소 계정으로 보내는 것도 가능하다. 한 번에 타인의 지갑 주소로 전송할 수도 있다.

전송 속도는 코인의 기반이 되는 블록체인의 종류에 따라 다르다. 비트코인은 초기에 개발된 기술이고 블록 생성 속도가 느려 10분 이상 기다려야 코인이 입금되는 경우도 있다. 본래 목적이 송금인 엑스알피(리플)나 전송속도에 초점을 맞춘 트론 등은 빠른 속도로 코인이 입금된다.

국내 투자자들은 몇 가지 목적에 따라 코인을 거래소에서 출금한다. 주로 개인 지갑에 보내는 경우와 해외 거래소로 전송하는 두 경우로 나뉜다. 전자는 셀프 커스터디를 위함일 수도 있고, 디파이 서비스를 사용하기 위함일 수도 있다. 디파이 서비스는 탈중앙화 목적이 더욱 뚜렷해 개인지갑을 디파이 플랫폼에 연결해 사용한다. 이에 개인 지갑에 코인 잔고를 두고 있어야만 서비스 이용이 가능하다.

해외 거래소 전송은 말 그대로 해외 거래소에서 코인을 거래하기 위한 목적이다. 일부 투자자들은 국내에 상장되지 않은 종목을 거래하고 싶거나 풍부한 거래 유동성을 누리기 위해 해외 거래소를 선택한다. 하지만 원화 입출금을 지원하지 않는 해외 거래소 특성상 국내에서 코인을 구매한 뒤 해외 거래소 내 계정 지갑으로 전송해 이를 기축통화 삼아 다른 코인을 구매해야 한다.

과거에는 거래소를 신뢰할 수 없어 개인 보관을 선택하는 투자자도 많았다. 갑자기 거래소가 해킹으로 인한 파산을 선언했던 '요빗' 사건도 있었다. 하지만 최근에는 '가상자산 이용자보호법' 시행으로 국내 대형 거래소들은 해킹 피해 발생 시 고객에게 피해금액을 보전해주는 제도를 마련했다. 운영난으로 영업을 종료하는 거래소들도 고객에게 코인 잔량을 모두 돌려주어야 한다. 게다가 개인 지갑에 보관했다가 영영 코인을 찾을 수 없는 상황이 발생하기도 하기 때문에 뚜렷한 목적이 있지 않는 한 앞서 말한 것처럼 거래소에 위탁 보관하는 것을 선호하는 사람들이 많다(그 전에 믿을 만한 거래소인지 확인하는 작업은 필수다).

코인 출금할 때 주의사항

• 코인 출금은 엄격한 절차를 따른다. 자금세탁방지 규정에 따라 일정 금액 이상 출금할 때는 인증 절차가 추가된다. 또한 코인 원화환산액이 100만 원 이상일 경우 송수신자를 확인하는 트래블룰(Travel Rule)을 거친다. 만약 트래블룰 검증이 불가능한 해외 거래소라면 출금 승인이 나지 않을 가능성도 있다. 개인지갑은 해당 지갑이 고객 본인 소유임을 증명했을 때 출금이 가능하다.

거래소마다 출금 한도도 존재한다. 업비트의 경우 2채널 인증을 마친 고객은 하루 최대 50억 원까지 지원한다. 빗썸은 가상자산 종류마다 출금 한도가 다르다. 비트코인의 경우 하루 320개, 한달 1,280개를 출금할 수 있다. 한도를 상향하면 무제한 출금이 가능하다.

외부로 코인을 전송할 때는 출금 주소를 정확히 입력하는 것이 가장 중요하다. 블록체인은 되돌리기가 불가능하므로, 잘못된 주소로 보내면 영원히 찾을 수 없다.

비트코인을 투자자 스스로 관리하는 방법

만약 상대방이 나와 같은 거래소를 이용하고 있다면 굳이 외부 출금을 하지 않아도 될 수 있다. 같은 거래소 회원에게 코인을 보낼 땐 블록체인이 아닌 자체 전산망을 통해 이를 지원해주기도 한다.

업비트에 각 비트코인 5개씩을 보유하고 있는 A와 B가 있다고 예를 들어보자. A와 B의 비트코인 합산 수량은 10개다. A가 B에게 코인 3개를 보낸다고 해도 둘의 코인 총합이 10개임은 똑같다. 이에 거래소 전자지갑에 들어 있는 수량은 변동이 없으므로 전산에서 '2개는 A의 것, 8개는 B의 것'이라고 다시 설정해둔다.

코인 출금하는 데 비용이 따로 드나?

코인 출금에도 수수료가 발생한다. 거래 체결을 위한 네트워크 수수료와 거래소가 수취하는 서비스 비용이 수수료에 반영되어 있다. 네트워크 수수료는 블록체인별로 또 해당 블록체인의 거래 혼잡도에 따라 달라지기 때문에 출금 수수료 역시 코인별로 규모가 다르다. 비트코인은 보통 0.0002BTC 정도의 수수료가 든다. 시장이 혼잡할 때는 이에 맞춰 수수료를 상향조정하기도 한다. 거래소마다 출금 수수료는 상이하다. 또한 코인 종류별로 최소 출금 금액이 정해져 있으므로 꼭 확인해야 한다.

코인 출금 시에는 신중하게 꼼꼼히 단계별로 확인을 해야 한다. 지갑 주소를 틀리게 적지 않았는지, 네트워크는 맞게 선택했는지 반드시 체크해야 한다. 특히 해외 거래소로 보낼 때는 네트워크 선택이 중요하다. 한 코인이 여러 가지 블록체인을 활용해 코인을 발행하는 경우가 있기 때문이다. 또한 기존 블록체인을 버리고 새로운 블록체인으로 넘어가는 '마이그레이션' 과정에서도 이런 문제가 발생한다.

대표적인 예시가 테더다. 스테이블 코인 테더는 수수료, 전송속도 등을 고려해 여러 블록체인에서 테더를 발행한다. 이더리움 기반 테더, 트론 기반 테더 등이 존재한다. 각 거래소가 지원하는 블록체인 종류는 상이하다. 어떤 거래소에서는 이더 기반 테더만, 또 다른 거래소에서는 트론 기반 테더만 지원할 수 있다. 다른 네트워크로 잘못 보내면 코인이 사라질 수 있기에 네트워크 확인은 필수다. 고액을 출금할 때는 더욱 신중해야 한다. 주소 확인은 물론이고, 거래소의 출금 지연이나 네트워크 문제는 없는지 미리 살펴봐야 한다.

비트코인을 출금하는데,
이렇게 많은 수수료를 떼나요?

이더리움 출금에 성공한 A씨. 자신감이 생겨 비트코인도 본인이 직접 보관해보려고 한다. 이에 개인 지갑을 만들고 비트코인을 전송한 A씨는 예상보다 크게 떼인 수수료에 당황한다. 왜 이렇게 수수료가 많은 걸까?

앞서 '비트코인 출금'에 관한 글을 자세히 읽은 투자자라면 "출금 수수료가 왜 이렇게 비싸?"라는 말이 절로 나올 것이다. 비트코인이 1억 6천만 원을 넘은 2025년 7월 기준으로 3만 원(0.0002BTC)이 넘었기 때문이다.

요즘은 은행의 타행 이체 수수료도 없는 세상인데 코인을 한 번 전송하는 데 3만 원이라니 너무한 게 아닌가 싶기도 하다. 심지어 이마저도 인하된 가격이다. 거래소들은 출금 수수료로 0.0008BTC를 받다가 비트코인 가격이 오르면서 수수료 환산액이 13만 원까지 치솟자 0.0002BTC로 인하했다.

우선 비트코인을 비롯한 가상자산을 출금하는데 왜 수수료가 필요한지부터 알아봐야 한다. 블록체인은 모든 거래내역을 기록하고 검증한다. 이 과정에서 거래 처리 작업을 하는 검증인들에게 보상을 지급해야 하는데, 이것이 바로 네트워크 수수료다.

비트코인 채굴방식을 알면 수수료 체계가 보인다

비트코인의 경우 채굴자들이 이 수수료를 받아간다. 채굴자들은 2가지 형태의 보상을 받는다. 하나는 거래가 쌓여 새로운 블록이 하나씩 생성될 때마다 받는 전형적인 채굴 보상이다. 이때 새로운 비트코인이 발행된다. 비트코인은 '반감기'를 갖는다. 4년마다 새로운 블록 보상을 반으로 줄이는 이벤트다. 예정된 일자에 비트코인의 총 발행량인 2,100만 개를 안정적으로 소진하고 희소성을 통해 가치를 유지시키기 위한 방안이다.

비트코인은 '승자독식' 시스템으로 보상을 지급한다. 예를 들어 모든 채굴자들이 동시에 블록의 난수 암호를 풀기 위해 경쟁한다. 가장 먼저 유효한 답을 찾은 채굴자가 한 개 블록의 전체 블록 보상을 취득한다. 물론 사람이 스스로 문제를 푸는 것은 아니고 성능이 좋은 채굴기(채굴 컴퓨터)가 자동 작업을 통해 이를 수행한다.

최초 비트코인 보상은 1블록당 50개였다. 2012년 25개, 2016년 12.5개, 2020년 6.25개까지 감소했다. 그리고 2024년 한 번 더 반감기 작업이 완료되어 1블록당 보상이 3.125개로 줄어들었다.

또 다른 보상은 우리가 알아보고 있는 거래 수수료다. 다른 말로는 '트랜잭션 수수료'라고도 부른다. 거래 수수료는 비트코인의 네트워크 보안을 강화하는 데 일조한다. 거래 수수료라는 부가 수익이 있어야 채굴자들도 거래 검증 작업을 이어갈 것이고, 더 많은 채굴자들이 참여할수록 해커가 네트워크를 공격하기 어려워진다. 비트코인 네트워크를 해킹하려면 51%의 해시파워(채굴 파워)를 장악해야 하는데, 그 수가 많고 분산되어 있을수록 장악하기 어려워지는 구조다. 또한 수수료는 무분별한 거래 생성을 방지해 네트워크 과부하를 막을 수 있다.

채굴이 없는 지분증명(PoS) 방식의 여타 알트코인들도 이런 이유에서 거래 수수료를 받아간다. 용량이 제한된 네트워크 과부하를 막고 거래 검증인들이 작업에 계속 참여할 수 있도록 경제적 수익을 제공하기 위한 목적이다.

수수료는 계속 고정인 걸까?

- 네트워크 수수료는 시장 상황에 따라 크게 변동한다. 거래가 많을 때는 수수료가 폭등하기도 한다. 실례로 2021년 시장이 과열되었을 때는 이더리움 전송에 10만 원이 넘는 수수료가 발생하기도 했다.

우선 거래소는 출금 수수료를 정할 때 송금 규모에 따라 차등 구분을 두는 것이 아닌, 코인별로 '1회당 얼마' 식의 정액 수수료를 책정한다. 최소 출금액에 맞추건, 최대한도를 꽉 채워 보내건 상관없이, 1회당 똑같은 수수료를 내야 한다. ATM에서 1만 원을 뽑든 30만 원을 뽑든 동일하게 1,300원의 수수료가 나가는 것처럼 말이다. 비트코인의 최소 출금액은 0.01BTC로 약 160만 원 규모이니, 그래도 송금액보다 수수료가 적긴 하지만 배보다 배꼽이 큰 게 아닌가 싶은 생각이 든다.

수수료가 이렇게 비싼 데는 이유가 있다. 가상자산을 거래소 밖으로 출금할 때는 두 종류의 수수료를 내기 때문이다. 하나는 블록체인 네트워크를 유지하는 데 필요한 '네트워크 수수료'이고, 다른 하나는 거래소가 부과하는 '출금 수수료'다.

거래소들은 네트워크 수수료 외에 자체 수수료를 추가로 부과한다. 이는 거래소의 운영 비용과 보안 유지 비용을 충당하기 위한 것이다. 거래소마다 수수료율이 다르며, 회원의 등급에 따라 할인을 해주기도 한다. 그래서 각 거래소별로 같은 코인에도 서로 다른 수수료를 부과한다. 이더리움의 경우 업비트는 0.007 ETH, 빗썸은 0.005 ETH를 수수료로 책정해두었다. 환산 시 각 32,000원, 23,000원 정도 금액이다. 특히 해외 거래소를 사용할 때는 수수료를 꼼꼼히 확인해야 한다. 국내 거래소들은 대체로 비슷한 수준이지만, 해외 거래소는 천차만별이다.

가상자산 수수료가 비싸게 느껴지는 이유는 또 있는데, '현물'로 지급하기 때문이다. 예를 들어 비트코인이 5천만 원일 때 0.0005 BTC의 수수료는 25,000원이다. 하지만 가격이 1억 5천만 원이라면, 수수료는 75,000원으로 늘어난다. 즉 코인 가격이 오르면 수수료도 원화 기준으로 같이 오른다. 그러므로 시세를 살핀 후 출금 시기를 정하는 것도 현명한 대처법이 될 수 있다.

비트코인을 보냈는데,
영영 못 받을 수도 있다고요?

서울 강남역 인근 업비트 사옥 앞에서 시위를 하는 몇몇 투자자를 본 적이 있다. 이들은 착오전송으로 인해 거액의 자산을 날린 사람들이었다. 순식간에 자산을 공중분해시키는 착오전송은 왜 일어날까? 그 방지법은?

잘못 보낸 내 코인, 돌려받을 수 없을까?

가상자산거래소 고객센터에 접수되는 민원 중 '착오전송' 건은 상당한 비중을 차지한다. 착오전송은 오전송, 오입금 등이라는 용어로 불리기도 한다. 지갑 주소를 잘못 확인했거나 네트워크를 틀리게 선택해서 발생하는 일이다.

은행 송금은 잘못된 계좌로 돈을 송금하더라도 돌려받을 최소한의 희망이 있다. 계좌번호와 은행명이 일치하지 않으면 송금 자체가 되지 않는다. 운이 나쁘게 계좌 끝에 한 자리가 틀려 엉뚱한 사람의 계좌로 돈을 보냈더라도 환수할 방법은 있다. 복잡한 절차를 거쳐야 하지만 돌려받을 가능성은 있다는 것이다. 하지만 가상자산은 다르다. 한 번의 송금 실수로 내 자산이 영원히 사라질 수 있다.

블록체인에는 중앙 통제 기관이 없다. 계속해서 언급했던 탈중앙화 특성 때문이다. 덕분에 자유롭게 누구에게나 송금할 수 있지만, 역으로 생각해보면 실수했을 때 도와줄 사람도, 기관도 없다는 뜻이다. 잘못된 지갑 주소로 보낸 코인은 영원히 네트워크에 표류해 사라져버린다.

투자자들이 가장 많이 하는 착오전송 실수는 주소 생성이다. 누군가로부터 코인을 받거나 내 개인지갑에서 거래소 지갑으로 코인을 옮길 때 발생할 수 있는 실수다. 내 거래소 아이디는 한 개지만 지갑 주소는 코인의 종류에 따라 여러 개를 생성해야 하기 때문이다.

코인 전송 전에 '지갑 주소 체크'는 필수

앞서 말한 것처럼 코인의 종류에 따라 각 개별 지갑 주소를 생성하고 받아야 한다. 무턱대고 비트코인 지갑 주소로 이더리움을 받으면 안 된다는 것이다. 모든 코인별로 지갑 생성 버튼을 만들어 주소를 확인하고 전송해야 한다. 또한 지갑 주소는 길고 복잡한 무작위 문자로 이루어져 있어 쉽게 헷갈릴 수 있다. 비트코인 주소는 보통 34자리의 무작위 문자열이다. 한 글자만 틀려도 전혀 다른 주소가 된다. 복사, 붙여넣기를 할 때 한 자가 잘리는 등 실수가 발생한다. 바로 이것이 늘 꼼꼼히 확인해야 하는 이유다.

이더리움 계열은 실수가 더욱 빈번하다. 이더리움 ERC-20 표준을 사용하는 토큰이나 레이어2들의 주소는 0x~로 시작한다. 일례로 이더리움, 아비트럼, 옵티미즘 등은 엄연히 다른 블록체인을 사용하고 있는 서로 다른 코인이지만 첫 시작이 똑같기 때문에 아비트럼 주소를 생성하고 옵티미즘을 전송하거나 이더리움 주소로 아비트럼을 보내는 경우가 발생한다.

> **예시** 이더리움 창시자 비탈릭 부테린 지갑 주소:
> 0xAb5801a7D398351b8bE11C439e05C5B3259aeC9B

특히 해외 거래소를 이용할 때는 더욱 신중해야 한다. 일부 거래소는 입금 주소와 함께 '메모(Tag)'를 추가로 입력해야 한다. 이를 누락하면 입금이 되지 않거나 확인이 지연될 수 있다. 만약 지갑 주소를 잘못 기입했다는 것을 깨달으면 그 즉시 가상자산거래소에 문의해야 한다. 복구에는 수수료가 발생한다. 복구가 불가능한 경우도 있다.

 막간 코너

코인 전송 전, 필수 체크리스트

가상자산을 다루는 데 있어서 가장 흔하게 발생하는 사고는 '착오전송'이라 부르는 송금 실수다. 은행 계좌 이체는 계좌 입력을 잘못하면 송금 자체가 불가능하거나, 엉뚱한 사람에게 송금되더라도 복잡하긴 하지만 반환지원 절차를 거쳐 돈을 돌려받을 수 있다.

하지만 블록체인 네트워크를 통한 전송은 일단 실행되면 되돌릴 수 없다. 게다가 익명으로 생성된 지갑이 많아 돌려받기도 어렵다. 따라서 전송하기 전 다음의 4가지 사항을 꼼꼼하게 확인하는 일은 투자자 자신을 지키는 최소한의 안전장치다.

- 붙여 넣은 주소가 정확한지 처음과 끝 부분을 다시 확인한다.
- 처음 보내는 주소라면 소액으로 테스트 송금을 해본다.
- 지갑이나 거래소 주소가 전송하려는 코인의 네트워크와 일치하는지 확인한다.
- 거래소 입금 시에는 메모 입력이 필요한지 반드시 체크한다.

첫 번째, 붙여 넣은 주소 확인하기

지갑 주소는 보통 30~40자에 달하는 긴 문자열이다. 이를 직접 입력하기보다는 복사해 붙여 넣는 경우가 많다. 하지만 악성코드가 주소를 가로채 다른 주소로 바꿔치기하는 사례도 보고된 바 있다. 따라서 붙여 넣은 후에는 최소한 앞 4자리와 뒤 4자리를 대조해 정확히 일치하는지 반드시 확인해야 한다.

두 번째, 소액 테스트 송금

처음 보내는 주소라면 바로 큰 금액을 전송하는 것은 위험하다. 전송 수수료가 들더라도 소액을 먼저 보내 정상적으로 도착하는지 확인한 뒤, 본 송금을 진행하는 것이 안전하다. 실제로 커뮤니티에는 '테스트 송금만 했더라면 잃지 않았을 텐데'라는 후회담이 끊이지 않는다.

세 번째, 네트워크 일치 여부 확인

받는 지갑이 해당 코인과 네트워크를 지원하는지 반드시 확인해야 한다. 예를 들어 비트코인 전용 지갑으로 이더리움을 보내거나, ERC-20 기반 토큰을 다른 체인으로 전송하면 자산을 영구적으로 잃을 수 있다. 특히 테더 같은 가상자산은 여러 블록체인을 활용해 발행하므로 투자자의 실수를 유발한다. 거래소의 안내에 따라 맞는 지갑을 생성해 전송을 진행해야 한다.

네 번째, 메모(Memo) 혹은 태그(Tag) 확인

특히 리플(XRP), 스텔라(XLM), 코스모스(ATOM) 같은 코인들은 거래소 입금 시 개별 메모나 태그 입력이 필수적이다. 이를 누락하면 입금 처리가 되지 않아 고객센터를 통해 복잡한 절차를 거쳐야 하고, 경우에 따라서는 돌려받지 못할 수도 있다.

가상자산 시장은 하루가 다르게 변하고, 그 흐름을 읽는 뉴스가 투자 판단의 열쇠가 된다. 프리미엄, 세금, 금융상품 이슈부터 NFT까지 투자자가 챙겨야 할 정보가 쏟아진다. 뉴스 속 이슈들을 어떻게 해석해야 하는지 함께 살펴보자.

7장

코인에 투자할 때 주목해야 할 뉴스들

김치프리미엄이 발생했다는데, 이건 어떤 신호일까요?

A씨는 김치프리미엄 때문에 비트코인을 일부 매도했다. 글로벌 평균 가격이 국내 가격보다 비싸기에 언젠가 가격 폭락이 있을 것이라고 예상한 A씨는 우선 수익 실현하고, 추후 하락장에서 비트코인을 재구매할 계획이다.

김치프리미엄이 지표가 될 수 있다?

앞서 거래소별 가격 차이 사례 중 하나로 김치프리미엄을 설명했었다. 김치프리미엄은 한국 시장에서만 볼 수 있는 특이한 현상이다. 똑같은 코인이지만 국내 시장 거래가가 해외보다 비싼 경우를 말한다. 김치프리미엄을 단순한 가격 차이가 아닌 시장의 중요한 신호로 바라본다면 이에 맞춰 투자 전략을 세울 수도 있다.

김치프리미엄은 국내 거래소와 해외 거래소의 가격 차이를 퍼센트로 나타낸 것이다. 예를 들어 비트코인이 해외에서 1억 5천만 원에 거래될 때 국내에서 1억 5,750만 원이라면, 김치프리미엄은 5%다. 이런 현상이 발생하는 이유는 거래소별로 호가를 따로 관리하기 때문이다. 국내 거래소끼리도 가격차이가 발생하는데, 주요 고객의 활동시간이 다른 해외 거래소와는 차이가 더 벌어질 수 있다.

김치프리미엄은 주로 국내 투자자들의 매수세가 강할 때 발생한다. 국내 가격이 해외보다 높다면 '외국인보다 우리나라 투자자들이 코인을 더 많이 사고 있구나'라고 이해할 수 있다.

과거 김치프리미엄은 시세차익을 이용한 아비트라지(Arbitrage, 거래소 간 차익거래) 투자를 하는 트레이더들에 의해 빠르게 좁혀지기도 했다. 가격이 싼 해외에서 비트코인을 산 후 국내 거래소에 전송해, 이를 국내에서 비싸게 팔면 차익을 낼 수 있으니 말이다. 이를 '보따리 투자'라고 부르기도 했다. 하지만 최근에는 100만 원 이상 코인을 주고받을 때 송수신자의 신원을 확인하는 트래블룰이 생기면서 국내외 거래소별 자금 이동 속도가 느려졌고, 아비트라지 투자자도 줄어들어 김치프리미엄이 쉽게 잡히지 않고 있다.

김치프리미엄을 유심히 살피지 않고 상승세 '빨간불'만 보고 투자한다면 추후 손실을 볼 수도 있다. 김치프리미엄은 시장 과열 신호인데, 시장 과열 이후에는 하락이 찾아오기 마련이기 때문이다. 반대로 김치프리미엄이 마이너스가 되는 '역프리미엄' 현상도 있다. 이는 국내 투자자들의 공포 심리가 극에 달했다는 신호다. 이때는 오히려 '공포에 사서 탐욕에 팔아라'라는 투자 명언을 떠올려볼 수도 있다.

다양한 지표와 함께 참고해야 한다

무작정 김치프리미엄만 보고 투자를 결정하면 안 된다. 어디까지나 보조지표로 활용해야 한다. 가상자산에 투자하는 과정에서는 글로벌 시장 상황, 국내 규제 환경, 투자 심리 등을 종합적으로 확인해야 한다. 특히 국내외 각국 정부의 규제 발표를 유심히 살피는 것이 좋다.

규제로 인해 김치프리미엄이 갑자기 꺼지기도 한다. 2017년 말 비트코인 붐 때는 김치프리미엄이 50%까지 치솟아, 국내 비트코인 가격이 해외보다 2천만 원 이상 비싼 현상이 발생했었다. 하지만 법무부의 가상자산거래소 폐쇄 선언, 대형 가상자산거래소 실명계좌 도입 등 행정 규제가 이어지면서 김치프리미엄이 5%대까지 축소되어 많은 투자자들이 손실을 보았다.

비트코인 가격이 8,500만 원까지 상승했던 2021년에도 비슷한 일이 벌어졌다. 김치프리미엄이 20% 가까이 벌어졌다. 같은 해 5월 업비트에서는 5,200만 원이던 비트코인이 바이낸스에서는 4,200만 원에 불과했다. 이 시기에 뒤늦게 국내 거래소에서 비트코인을 매수했던 투자자들은 큰 낙폭을 경험했다. 과도한 프리미엄은 곧 거품이 꺼질 수 있다는 경고 신호였다.

가상자산 투자에서 김치프리미엄은 중요한 체크포인트다. 단순히 국내외 가격 차이가 아닌, 시장의 과열 정도를 보여주는 바로미

터다. 그러므로 과도한 김치프리미엄이 발생했다면 신중하게 접근해야 한다. 또한 다양한 정보를 찾아보며 김치프리미엄 발생 원인을 찾아보는 것을 추천한다.

이제 가상자산도
금융상품인 건가요?

가상자산은 전통금융의 틀을 깨고 나온 새로운 형태의 자산이다. 그러다 보니 가상자산을 금융상품으로 봐야 하는지, 아니면 별도의 카테고리로 완전히 분리해서 봐야 하는지 아직은 의견이 분분한 상황이다.

가상자산 손실 혹은 해킹 시, 보상받을 수 있나?

2024년 금융권을 뜨겁게 달궜던 이슈가 있다. 바로 홍콩 H지수 ELS(홍콩ELS)의 대규모 손실 사태. 상품을 판매했던 은행들은 만기 손실이 확정된 투자자 중 일부에게 손실금액을 배상했다. 금융당국이 직접 은행들에 배상을 요구했다. 고위험 금융상품임에도 자세한 설명을 누락하거나 허위 설명을 하는 등 불완전판매 행위를 했다고 판단했기 때문이다.

그렇다면 우리가 가상자산거래소에서 비트코인을 구매했을 때 손실이 났다면 배상을 받을 수 있을까? 경우에 따라 다르겠지만 홍콩 ELS와 같은 대규모 보상은 어려워 보인다.

투자자들의 잦은 착각 중 하나가, 비트코인을 '금융상품'으로 바라보는 것이다. 아직 국내에서 법적으로 가상자산은 금융상품이 아니다. 가상자산거래소도 마찬가지다. 은행, 증권사와 같은 금융사가 아니다.

회계기준만 봐도 금융상품이 아님을 알 수 있다. 국제표준회계기준(IFRS)에 따르면 기업은 재무제표를 작성할 때 가상자산을 재고자산 혹은 무형자산으로 분류해야 한다. 현금, 주식. 채권, 보험 등이 포함되는 금융상품으로는 분류할 수 없다.

금융상품은 법에 따라 엄격한 규제를 받는다. 주식의 경우 거래소와 증권사가 금융감독원의 관리를 받고, 펀드는 자산운용사에 엄격한 인가 조건이 있다. 불완전 판매나 사기가 발생하면 투자자 보호 장치가 작동한다.

반면 가상자산은 다르다. 금융위원회와 금융감독원이 가상자산거래소와 시장을 관리하지만 이는 자금세탁방지 목적이 크다. 투자자 보호 제도는 아직 미비하다. 그나마 라이선스를 받은 '가상자산사업자'라면 일정 수준 투자자보호 체계를 마련해두고 있다. 거래소 실수, 고의로 해킹 혹은 전산장애가 발생해 투자 피해가 있었다면 이를 배상받을 수 있다.

단순히 '몇 월 며칠 비트코인 가격이 저렴하기에 거래소에 접속해서 구매하려고 했는데, 서버가 멈춰서 코인을 사지 못했어요' 등과 같은 주장은 통하지 않는다. 거래소 과실로 인해 실제 피해가 발생했다는 로그, 캡처 화면 등을 통해 증명해야 한다. 비트코인이 1억 5천만 원일 때 시장가 매도 주문을 요청했는데, 서버가 불안정해서 1억 3천만 원에 매도되었다면 이를 증명해 차액 손실을 요청할 수 있다.

다행히 최근에는 거래소 과실로 해킹이 발생해 코인을 도난당한 경우 보상받을 수 있는 길이 열렸다. 가상자산 이용자보호법에 따라 각 사업자는 준비금 적립 혹은 보험 중 한 가지를 선택해야 한다. 해킹을 당해 고객 가상자산이 탈취당한 경우 이를 다시 채워넣을 재원을 미리 구비해두는 개념이다.

과거에는 이런 보호장치조차 없어 규모가 작은 거래소는 해킹을 당한 후 폐업을 선언해 고객에게 돈을 전혀 돌려주지 않은 사례도 종종 발견되었다. 해킹당한 돈 대신 거래소가 자체 발행한 코인으로 보상을 지급한다는, 말도 안 되는 보상안을 제시한 거래소도 있었다.

높은 수익률의 유혹을 조심해야 하는 이유

해외에 페이퍼컴퍼니 같은 법인을 두고 국내 규제를 피해가는 업체도 있다. 이 경우 투자 피해를 구제받기는 더 어렵다. 2022년 발생한 델리오와 하루뱅크 사태가 대표적이다. 하루인베스트와 델리오는 가상자산 예치이자 서비스를 운영하던 기업들이다. 예치이자 서비스는 스테이킹과 다른 개념이다. 투자자가 업체에 가상자산을 정기 예금처럼 맡겨놓으면 이를 재원으로 업체는 트레이딩을 해 수익을 낸다. 그리고 수익을 이자 삼아 고객에게 배분해주는 서비스를 제공한다.

그러나 이들 두 업체는 고객으로 받은 코인을 직접 운용하지 않고 여러 운용업체에 일임했다. 그중 가장 많은 물량을 받았던 재운용업체는 투자 과정에서 해외 대형 거래소인 FTX가 파산하면서 큰 손실을 입었다. 이 업체는 손실을 복구하지 못했고, 원청기업인 하루인베스트먼트, 델리오는 손실에 대해 빠르게 인지하지 못했다. 결국 고객에게 돌려줄 원금이 모두 사라졌고 원리금을 지급정지해버리는 뱅크런이 발생했다. 업체에 남은 코인이 없어 투자자들에게 자금을 지급하지 못한 것이다.

2024년 말 법원은 하루인베스트 관계사인 하루매니지먼트 리미티드와 델리오에게 파산을 선고했다. 아직도 투자자들은 돈을 돌려받지 못했다. 파산 절차를 통해 채권자와 채권액을 파악하는 조사를 진행한 후에, 재원이 마련된다면 채권액 규모에 따라 자금의 일부만 돌려받을 것으로 보여진다.

아직 법의 보호를 완전히 받지 못하는 가상자산에 투자하고 있다면 투자 실패에 대한 책임을 전적으로 투자자 본인이 짊어져야 한다. 그래서 더더욱 높은 수익률을 약속하는 서비스는 각별히 주의해야 한다. 연 20% 이상의 수익을 보장한다거나, 원금을 보장한다는 말은 대부분 위험 신호다. 거래소나 서비스 선택도 신중해야 한다. 인지도와 자본금, 보안 체계, 경영진의 신뢰도 등을 종합적으로 봐야 한다. 해외 거래소를 이용할 때는 더욱 꼼꼼한 검증이 필요하다.

가상자산 팔아 수익이 났다면 세금을 내야 하나요?

뜨거운 감자 중 하나였던 금융투자소득세는 여러 차례 유예를 거쳐 결국 폐지되었다. 아직 가상자산에 부과되는 소득세는 '유예' 상태다. 폐지는 아니다. 코인으로 벌어들인 시세 차익에 세금을 내는 날이 언젠가 올까?

코인 투자 세금은 어떻게 책정하나?

"소득 있는 곳에 과세 있다." 과세 당국의 원칙이다. 그렇다면 가상자산 투자 소득에도 세금을 내야 할까? 당장은 아니다. 가상자산 과세는 2020년부터 시행될 예정이었지만, 여러 차례 연기되고 있다. 가상자산으로 수익을 올린 투자자들은 이 부분을 특히 관심 있게 지켜보고 있다.

당초 정부는 가상자산 거래 차익에 대해 22% 세금을 부과하려고 했다. 국세 20%에 지방세 2%가 합쳐진 세율이다. 비과세 한도는 연

250만 원이다. 즉 코인투자로 번 돈이 250만 원이 넘어가는 순간 그 초과분부터 22%의 세금을 내야 한다.

이해하기 쉽게 예를 들어보자. A씨는 1천만 원을 투자해 B코인 100개를 샀다. 그리고 6개월 뒤 B코인 가격이 크게 상승하면서 지난번에 매수했던 100개를 1,500만 원에 매도했다. A씨가 올린 투자수익은 500만 원이 된다. 여기서 비과세 250만 원을 제외하고 나머지 250만 원의 수익에 대한 세금 55만 원을 내야 한다.

조금 더 복잡한 예시도 살펴보자. 1년에 한 코인에만 장기 투자한 후 매도하는 투자자는 많지 않을 것이다. 여러 종류의 코인을 보유했고, 이익과 손실을 동시에 봤다면 어떨까?

A씨는 B코인 1천만 원, C코인 250만 원, D코인 700만 원씩을 매수했다. 이후 B코인은 1,500만 원에 매도해 500만 원의 이익을, C코인은 500만 원에 매도해 250만 원의 이익을 보았지만, D코인은 가격이 하락해 550만 원에 매도하며 150만 원의 손실이 났다.

이로써 전체 거래에서 발생한 순이익은 600만 원(이익 750만 원-손실 150만 원)이 된다. 여기서 비과세 한도 250만 원을 제외한 350만 원에 대해 22%의 세율을 적용해 최종적으로 77만 원의 세금을 내야 하는 것이다.

가상자산 과세는 '양도소득세' 형태로 이루어질 예정이다. 즉 코인을 매도해서 실현한 이익에 대해 과세한다. 단순히 보유하고 있는 상태에서 가격이 올랐다고 해서 세금을 내는 것은 아니다. 과세 대상은 국내외 모든 거래소에서 발생한 수익이다. 해외 거래소 거래도 신고해야 하며, 신고하지 않으면 가산세가 부과될 수 있다.

갑론을박 코인 과세

하지만 가상자산 과세도 원점에서 재검토해야 한다는 의견이 빗발친다. 투자자들의 반발과 주식시장과의 과세 형평성 문제로 계속 시행이 유예되고 있다.

우선 250만 원 비과세 한도가 너무 낮다는 주장이 지배적이다. 폐지된 금투세에서도 국내 주식, 국내 주식형 펀드의 비과세 한도는 5천만 원이었다. 여기에 같은 해 발생한 이익과 손실을 합산해 순이익에만 과세하고 결손금은 최대 5년간 이월 공제하는 내용도 담겼었지만 가상자산에서는 이런 내용이 빠졌다.

결손금 이월공제가 무엇인지 알아보자. A씨가 2024년에 주식 거래로 300만 원의 손실을 봤다고 가정해보자. 그리고 2025년에는 500만 원의 이익이 발생했다. 그렇다면 2025년의 과세 대상 이익을 계산할 때 전년도 손실 300만 원을 차감할 수 있게 해주는 것이 결손금 이월공제다. 즉 2025년의 과세 대상 이익은 500만 원이 아닌 200만 원(500만 원-300만 원)이 되는 것이다.

하지만 가상자산 과세 방안에는 이런 결손금 공제 내용이 빠져 있다. 지난해와 지지난해에 계속 손실을 봤어도 올해 이익이 났다면 세금을 납부해야 한다.

　가상자산 투자 수익에도 세금을 매길 수 있도록 세법이 개정된 이후 '코인 과세'는 계속해서 엄청난 반대에 부딪히고 있다. 투자자에게 유리한 방향으로 또다시 법이 개정될지, 혹은 금투세처럼 시행하지 못하고 역사 속 해프닝으로 남을지 코인투자자들의 이목이 집중되는 이슈다.

NFT(대체불가토큰)도
가상자산에 포함되나요?

NFT 붐이 불며 개인부터 기업까지 너 나 할 것 없이 NFT를 발행하던 시절이 있었다. 지금은 잠시 주춤하고 있지만 언제 다시 NFT의 세상이 올지 누구도 예상하기 어렵다. 그렇다면 NFT는 가상자산일까, 아닐까?

대기업도 뛰어들었던 NFT 붐

대체불가토큰(NFT). 2021년 NFT 붐이 일어나면서 여러 기업이 너 나 할 것 없이 NFT 사업에 뛰어들겠다고 나섰다. 연예인이 직접 참여한 NFT, 예술작품을 디지털화한 NFT 등 여러 형태의 NFT가 세상에 등장했다.

NFT는 '토큰'이라는 용어를 쓰고 있지만 우리가 아는 일반적인 가상자산과는 다르다. NFT는 각각이 고유한 가치를 지닌다.

내 지갑에 지금 1만 원이 있다고 가정해보자. 이 1만 원을 친구가 가진 1만 원과 바꾼다고 해서 그 가치가 달라지는 것은 아니다. 모든 1만 원은 똑같이 1만 원의 가치를 지닌다. 비트코인도 마찬가지다. 내가 가진 1비트코인과 옆사람이 가진 1비트코인의 가치는 똑같다. 두 사람이 가진 비트코인을 서로 교환한다고 해서 달라지는 것은 없다. 그런데 NFT는 다르다. 동일한 가치의 다른 재화로 대체할 수 없다. 각각의 NFT가 모두 다른 고유한 특성을 갖도록 다소 특이한 표준을 사용해 발행하고 있다. 그래서 '대체불가토큰'이라는 이름이 붙여진 것이다. 똑같은 업체가 발행한 NFT라도 내가 가진 NFT를 친구가 가진 NFT와 교환한다면, 네가 가진 NFT가 비싸네, 싸네 하며 싸움이 붙을 수 있다.

빵집을 예로 들어 NFT를 쉽게 이해해보자. 빵집에서는 쿠키를 굽기 전에 반죽을 하고, 모양틀을 찍는다. 앞서 알아본 이더리움 기반 ERC-20 표준은 정형화된 모양틀이다. 한 판에 똑같이 생긴 쿠키를 여러 개 만들 수 있다. 반대로 NFT를 발행하는 데 쓰는 ERC-7211은 한 판에 들어가는 쿠키더라도 모두 다른 모양틀을 사용해 제작한다. 한 개는 토끼, 한 개는 거북이, 한 개는 별, 이런 식이다. 서로 겹치는 모양은 '없다'.

이런 특성 때문에 NFT는 미술품, 콘서트 티켓, IP저장장치 등의 용도로 사용된다. 오프라인에 딱 한 점밖에 없는 피카소의 그림을 디지털화한다면? 온라인 세상에도 딱 한 점만 존재하는 NFT로 발행하는 것이다. 고유의 코드가 있기 때문에 온라인 복제품이 만들어져도 금방 위조품인지 확인해볼 수 있고, 주인이 얼마나 바뀌었는지 거래내역도 조회할 수 있다.

콘서트 티켓도 마찬가지다. 최근 공연시장은 암표 문제로 골머리를 앓고 있다. 이에 각 티켓을 고유한 NFT로 만든다면 타인 양도 여부부터 진위까지 모두 파악할 수 있다. IP저장장치 목적으로 활용할 때도 비슷하다. 새로운 혹은 기존에 있던 캐릭터를 활용해 저작권 수익을 벌고 싶다면 내가 가진 NFT에 새겨진 캐릭터를 상업적으로 사용하는 모든 사람들에게 저작권을 받아야 한다. 그렇다면 그 캐릭터의 소유권자가 나라는 것을 NFT를 통해 증명하는 것이다.

NFT의 특성과 규제

이런 특성 때문에 금융당국은 모든 NFT를 가상자산으로 보지 않는다. 예술품이나 수집품 성격의 NFT는 가상자산에서 제외된다. 단순히 '소유권'을 증명할 수 있는 NFT라면 가상자산이 아니라는 설명이다. 신원 증명용 NFT, 거래내역을 확인하는 영수증 같은 NFT, 공연 티켓 등 한정 수량으로 발행되어 전시나 관람 목적으로만 사용되는 경우에도 마찬가지다. 하지만 대량으로 발행되었거나 특정 서비스에서 직·간접적인 지급 수단으로 활용되는 NFT라면 가상자산에 해당할 가능성이 크다. NFT라 함은 각 한 개마다 서로 다른 가치를 지니고 있어야 하는데 똑같은 NFT가 1만 개나 있다면 여타 코인들과 다를 것이 없기 때문이다. 금전을 투자받고, 공동사업에 대한 증표로 받은 NFT나 사업 결과에 따라 손익을 배분받는 권리가 있는 NFT라면 증권으로 해석될 여지가 있다.

NFT 시장의 한계와 현실

여러모로 유례없는 호황을 맞았던 2021년의 NFT 시장은 '유동성'이라는 문제에 직면하며 인기가 시들해졌다. 아무리 비싼 가격에 구매해 가격이 계속 오르면 뭐하나. 사주겠다는 사람이 없는데. 한번 NFT를 사고 나면 다시 팔기가 어렵다. 2021년 수억 원에 거래되던 NFT들도 지금은 거의 거래가 없는 경우가 많다. 이런 한계 때문에 최근 NFT 시장은 변화하고 있다. 단순 소장용보다는 실용적 가치를 지닌 NFT가 주목받고 있다. 예를 들어 콘서트 티켓이나 멤버십 카드처럼 실제 혜택과 연결된 NFT들이 나오고 있다.

NFT 투자는 일반 가상자산보다 더 신중해야 한다. 가치 산정이 어렵고, 거래가 제한적이기 때문이다. 특히 수익을 약속하거나 재판매를 보장하는 NFT는 대부분 위험 신호다.

대신 NFT의 본질적 가치를 보는 것이 중요하다. 단순히 비싸게 팔 수 있을 것이라는 기대보다는, 그 NFT가 제공하는 실제 혜택이나 의미를 따져보아야 한다. 좋아하는 아티스트의 작품이나 실용적인 멤버십 혜택이 있는 NFT를 고르는 것이 현명하다.

 **막간 코너**

FOMO vs FUD

가상자산 투자자들 사이에서 자주 들리는 두 단어가 있다. 바로 '포모(FOMO)'와 '퍼드(FUD)'다.

FOMO는 'Fear of Missing Out'의 줄임말이다. 번역하면 '놓칠까 봐 두려워서 하는 선택'이다. 다른 사람들은 다 돈을 벌고 있는데 나만 빠져 있으면 어떡하지? 하는 조급한 마음이 들 때가 있다. 우리는 이런 마음을 FOMO라고 형용해서 부른다.

특히 SNS에 수익 인증샷이 넘쳐나고 주변에서 "어제 하루 만에 100만 원 벌었다"와 같은 이야기가 들릴 때 극대화된다. 이때 많은 투자자들이 제대로 된 분석 없이 서둘러 매수에 나선다. 하지만 FOMO는 함정인 경우가 대부분이다. 순식간에 고점에 물려 장기간 원금 회복을 기다려야 할 수 있다.

반대편에는 FUD가 있다. 'Fear, Uncertainty, Doubt'의 줄임말로 '공포, 불확실성, 의심'을 뜻한다. 시장이 하락하기 시작하면 '정부가 규제한다더라' '코인이 무가치해진다더라'는 소문이 퍼지면서 극도의 불안감이 조성된다.

FUD 역시 최악의 타이밍에 자주 나타난다. 2022년 테라루나 사태나 FTX 파산 당시 '가상자산 시장 자체가 무너진다'는 공포가 퍼지면서 많은 투자자들이 패닉 매도에 나섰다. 더 큰 하락이 있을 것으로 예상하고 당장의 손실을 감수했다. 하지만 아이러니하게도 시장은 종목에 따라 짧게는 몇 달, 길게는 몇 년 후 다시 회복세에 접어들었다. 기다렸다면 수익을 낼 수도 있었던 셈이다.

FOMO와 FUD를 피하려면 몇 가지 원칙이 필요하다. 우선 자신만의 투자 기준을 미리 정해두는 것이 좋다. '매월 정해진 금액만 투자한다' '목표 수익률 달성 시 반드시 일부 매도한다' 같은 명확한 룰을 세우자.

"공포에 사고 환희에 팔아라"라는 워런 버핏의 격언을 기억하자. 모든 사람이 '지금 사야 한다'고 할 때는 한 번 더 신중하게, 모든 사람이 '망했다'고 할 때는 오히려 기회를 살펴보는 역발상의 지혜가 필요하다.

부록

이것만은 꼭 알아두자! 코인 핵심용어 32

블록(Block)
블록체인·가상자산 분야에서 거래 장부와 같은 역할을 한다. 여러 거래내역들을 하나의 묶음으로 모아놓은 것이니 누구에게나 투명하게 공개된 통장이라고도 설명할 수 있다. 예를 들어 'A가 B에게 1비트코인을 보냈다' 'C가 D에게 0.5비트코인을 보냈다' 등의 거래내역들이 블록에 저장된다.

채굴(Mining)
새로운 거래내역들을 검증하고 블록을 생성하는 작업이다. 쉽게 말해서, 복잡한 수학 문제를 컴퓨터로 풀어서 새로운 블록을 만드는 행위다. 이 작업에 성공하면 보상으로 새로운 코인을 받게 된다. 광산에서 광물을 채굴하는 것과 유사한 행위라고 해 채굴이라는 이름이 붙었다.

채굴 난이도

블록체인 네트워크에서 새 블록을 생성하는 데 필요한 계산 복잡성을 나타내는 수치다. 네트워크 해시율이 증가하면 난이도도 높아져 일정한 블록 생성 시간을 유지한다. 비트코인은 약 10분마다, 이더리움은 약 15초마다 블록이 생성되도록 난이도를 자동으로 조정한다.

해시(Hash)

데이터를 암호화해 고정된 길이 문자열로 변환하는 수학적 함수다. 블록체인에서는 거래 정보, 블록 데이터 등을 해시 함수에 입력해 고유한 문자값을 만들어 낸다. 블록체인 기술의 핵심 요소 중 하나로, 데이터의 무결성과 보안을 유지하는 데 중요한 역할을 한다.

합의

모든 참여자들이 거래의 유효성을 확인하고 동의하는 과정이다. 참여자들이 '이 거래가 진짜 맞다'라고 확인해줘야 한다. 블록체인마다 합의 방식이 다르다. 비트코인처럼 작업증명(PoW)을 통해 복합한 수학 문제를 풀어 거래를 검증할 수 있고, 지분증명(PoS)처럼 자신이 보유한 코인의 양(지분)에 비례해서 새로운 블록을 생성할 기회를 얻을 수도 있다. 빠른 거래 처리를 위해 소수의 대표자들이 검증을 처리하는 위임지분증명(DPoS)도 있다. 합의방식은 시대 흐름과 기술 발전에 따라 계속 변화하고 있다. 작업증명은 '투입한 리소스만큼 보상을 받아간다'는 점에서 공평하다고 평가되지만, 계속해서 컴퓨터 연산을 돌려야 하기에 합의 과정에서 많은 자원(전기, 물 등)을 사용한다. 이에 비교적 에너지 효율이 좋으며 진입장벽이 낮고 거래처리 속도가 빠른 PoS가 점차 많은 선택을 받고 있다.

노드(Node)

블록체인 네트워크에 연결된 각각의 컴퓨터를 의미한다. 이 컴퓨터들은 모든 거래내역을 저장하고, 새로운 거래를 검증한다. 마치 은행 지점들이 모든 거래 기록을 가지고 있는 것과 비슷하다. 노드의 종류도 여러 개다. 모든 거래 기록을 갖고 있는 풀노드, 일부 거래만 저장하는 라이트 노드 등 그 기능에 따라 용어와 역할이 나뉜다.

51% 공격

단일 주체나 연합이 블록체인 네트워크 채굴 능력(해시파워) 과반수를 차지해 블록체인을 조작하는 공격 방식이다. 이 경우 공격자는 거래를 취소하거나 이중 지불을 할 수 있다. 참여자가 많은 대규모 블록체인은 단일 집단이 해시파워 51%를 장악하는 것이 사실상 불가능해 해킹이 어렵다. 하지만 불완전한 작은 규모의 블록체인은 이런 공격에 취약할 수밖에 없다.

하드포크(Hard Fork)

블록체인의 업데이트 방법 중 하나다. 비가역적인 특징을 가진 블록체인은 블록 생산 속도, 합의 알고리즘 변경 등 대규모 기능 개선이 필요할 때 새로운 블록체인을 만들어야 한다. 그 후 원래 블록체인에 저장되어 있던 거래내역을 새 블록체인으로 이전시켜 활동을 이어간다. 이때 참여자들의 동의가 원만히 이루어지지 않는다면 하드포크 과정에서 '기존 블록체인'과 '새 블록체인', 이렇게 2가지 버전이 공존하게 된다. 비트코인과 비트코인캐시가 대표적인 사례다.

이더리움도 2016년에 블록체인 네트워크를 해킹당했는데, 이때 블록체인을 해킹 이전 상태로 돌려놓는 '롤백'을 하자는 진영과 블록체인의 특징인 비가역성을 존중해 그대로 가야 한다는 진영이 대립했다. 이에 이더리움은 하드포크를 진행했고, 해킹 이전으로 새로운 체인을 만든 쪽은 현재 우리가 잘 알고 있는 '이더리움'이 되었다. 원래 체인의 거래내역을 고수한 측은 '이더리움 클래식'으로 블록체인 운영을 이어가고 있다.

소프트포크(Soft Fork)

블록체인 규칙을 일부 바꾸지만 이전 버전과도 함께 작동할 수 있는 업데이트 방식이다. 마치 오래된 스마트폰에서도 새로운 앱이 실행되지만 일부 새 기능은 쓸 수 없는 것과 비슷하다. 하지만 합의 알고리즘 변경 등 대규모 업데이트는 할 수 없다. 소프트포크 시 업데이트를 진행하지 않은 검증인도 계속 기존 블록체인 네트워크를 이용할 수 있어 모두가 한꺼번에 바꿀 필요가 없다. 비트코인의 세그윗, 탭루트 업데이트 등이 대표적인 소프트포크다. 수수료 절감, 프라이버시 강화 등의 조치가 이루어졌지만 업데이트하지 않은 채굴자들도 기존 방식을 통해 비트코인 네트워크에 참여하고 블록을 생성할 수 있었다.

롤백(Rollback)

블록체인에서 특정 시점 이후에 생성된 블록들을 무효화하고 이전 상태로 되돌리는 과정이다. 심각한 버그나 해킹 사고가 발생했을 때 고려되는 극단적인 해결책이다. 블록체인 원칙인 '수정 불가' '비가역성' 등에 위배되기 때문에 되도록이면 선택하지 않는 방식이다.

스마트 컨트랙트(Smart Contract)

블록체인에서 자동으로 실행되는 프로그램이다. 이 책에서 이더리움의 등장을 설명할 때 언급한 적이 있다. 특정 조건이 성립하면 자동으로 거래가 체결되게 만들어준다. '만약 A라면 B를 실행한다'는 식의 명령이고, 한 번 만들어진 후에는 임의로 수정할 수 없다. 예를 들어 'A코인 가격이 하락해 5만 원이 된다면 투자자가 받은 대출 담보를 자동 청산한다' 등이다.

스마트 컨트랙트가 있기 때문에 디파이 서비스들도 생겨날 수 있었다. B라는 사람이 이더리움-테더 유동성 풀에 '이더리움, 테더', 이렇게 두 종류의 코인을 모두 예치했다고 가정해보자. B는 스마트 컨트랙트에 사전 설정된 명령에 따라 예치한 수량만큼 증표로서 LP토큰을 받을 수 있다. 또한 자신이 예치한 지분만큼 거래 수수료 수익을 얻을 수 있다.

밸리데이터(Validator)

지분증명(PoS) 합의 알고리즘을 이용한 블록체인에서 거래를 검증하고 새 블록을 생성하는 참여자다. 일정량의 코인을 예치(스테이킹)하고 네트워크 보안에 기여한 대가로 보상을 받는다.

지갑

가상자산을 저장하고 관리하는 소프트웨어나 하드웨어 도구다. 실제로 코인을 저장하는 것이 아니라 블록체인상의 자산에 접근할 수 있는 개인키를 관리한다. 핫월렛(온라인 연결)과 콜드월렛(오프라인 저장), 2가지 주요 유형이 있다.

멀티시그

다중 서명(Multiple Signature)의 줄임말이다. 거래 승인에 여러 개의 개인키 서명이 필요한 보안 강화 방식이다. 기업이나 단체가 가상자산을 보관할 때 멀티시그 방식을 채택한다. 내부자의 독단적인 자금탈취나 해킹을 방지하기 위함이다. 5명 중 3명의 서명이 있어야 거래가 실행되도록 설정하는 식이다.

개인키

프라이빗 키라는 영단어로도 불린다. 가상자산 거래의 기본이 되는 암호화 시스템이다. 개인이 가진 프라이빗 키는 비밀번호 같은 역할로, 보유중인 가상자산 지갑에 대한 접근 권한을 가진다. 개인키로 거래에 서명하고, 다른 사람들은 공개키로 그 서명을 검증할 수 있다.

디파이(DeFi)

탈중앙화 금융(Decentralized Finance)의 약자로, 중개자 없이 금융 서비스를 제공하는 블록체인 기반 생태계다. 대출, 예금, 자산 거래, 보험 등 전통 금융과 유사한 서비스를 스마트 컨트랙트를 통해 제공한다. 사람의 개입이나 승인 없이 사전에 만들어진 시스템이 미리 정해진 조건에 따라 거래를 가능하게 한다.

유동성 풀(Liquidity Pool)

사람들이 거래할 수 있도록 미리 준비해둔 코인(토큰) 묶음이다. 탈중앙금융(디파이·DeFi) 시스템은 우리가 익히 알고 있는 빗썸, 업비트처럼 중간에서 거래소가 거래 체결을 도와주지 않기 때문에 참여자들이 직접 시장에 유동성을 공급해주는 장치를 만들고 운영해야 한다.

이더리움-테더(USDT)를 교환할 수 있는 '풀'이 있다면 그 안에는 디파이 이용자들이 예치한 이더리움과 테더가 들어 있다. 거래자들은 이 풀을 이용해 원하는 코인을 즉시 교환할 수 있다. 풀에 코인을 예치한 사용자는 거래 수수료의 일부를 보상으로 받는 등 이자수익을 올릴 수 있다.

AMM(Automated Market Maker, 자동 마켓 메이커)

중개인 없이 자동으로 거래 가격을 계산하고 거래를 실행하는 시스템이다. 가상자산도, 주식도 거래를 할 때 호가창을 통해 거래가 성사된다. 내가 5,000원에 A코인을 사고 싶다고 매수 주문을 넣은 후, 호가창에 똑같이 5,000원에 팔겠다는 매도 주문이 있다면 거래가 체결된다. 하지만 탈중앙금융의 한 종류인 탈중앙화거래소(DEX)는 이런 호가창이 없어 자동으로 가격을 정해야 한다. AMM은 수학적 공식을 사용해 가상자산 간 교환 비율을 정하는 시스템을 말한다.

민팅(Minting)

대체불가토큰(NFT)을 처음 만들어내는 행위를 말한다. 채굴과 비슷하다. 하지만 NFT는 정해진 수량만큼 소수로 발행된다. 총 발행량이 모두 풀릴 때까지 계속해서 채굴이 가능한 가상자산과는 다르다. 이에 NFT를 처음 만들어서 누군가에게 지급하는 것을 '민팅'이라고 부른다. 내가 만들어 내가 가지고 있을 경우에도 민팅이라는 용어를 사용한다.

화이트리스트(Whitelist)

NFT 민팅을 시도할 때 자주 보이는 단어 중 하나다. 간혹 '진상'을 블랙리스트에 올린다고 표현한다. 화이트리스트는 그 반대로, 무언가를 할 자격이 있는 사람,

단체를 말한다. 거래소에서 코인을 외부 출금할 때 '화이트리스트로 등록된 거래소 혹은 지갑으로만 출금이 가능합니다'라는 문구도 볼 수 있다. 보통 NFT 시장에서는 화이트리스트로 등록할 경우 남들보다 빠르게 NFT를 민팅해 받을 수 있고, 일반 판매보다 저렴한 가격에 구매할 수 있는 특권이 주어지기도 한다.

레이어2(Layer2)

메인 블록체인(레이어1)의 확장성을 도와주는 기술이다. 단어 뜻 그대로 메인 블록체인 옆에 '층'을 하나 더 만드는 것으로 이해하면 쉽다. 별도의 레이어2 블록체인을 만들어 대부분의 거래는 레이어2에서 처리한다. 거래 결과 등 중요한 내역만 레이어1으로 전송해 기록하게 한다. 이를 통해 더 빠르고 저렴한 수수료로 거래할 수 있게 만들어준다. 이더리움에는 옵티미즘, 아비트럼 등이 대표적인 레이어2 블록체인이다.

롤업(Rollup)

레이어2에서 사용하는 기술로 수많은 거래를 묶어서 메인 체인에 한 번에 제출한다. 마치 여러 개의 소포를 하나의 큰 박스에 담아 배송하는 것과 비슷하다. 주로 '옵티미스틱 롤업'과 'ZK(영지식)롤업'으로 나뉜다.

옵티미스틱 롤업은 모든 거래가 유효하다고 가정하고 검증을 진행한다. 이상한 점이 발견되면 이의제기 기간 동안 문제를 제기해서 바로잡을 수 있다. ZK롤업은 수학적 증명을 통해 거래 유효성을 즉시 검증한다. 영지식 증명에서 말하는 '영'은 숫자 '0'이다. 사전에 알아야 하는 지식이 없더라도 특정 거래 행위 유효성을 증명할 수 있는 개념이다. 이에 정보공개를 하지 않아도 된다는 장점이자 단점이 공존한다.

브릿지(Bridge)

서로 다른 블록체인 간에 자산을 이동할 수 있게 해주는 기술이다. 이더리움과 비트코인은 블록체인을 통해 직접 교환할 수 없다. 가상자산거래소에서는 전산 시스템을 통해 사용자의 비트코인을 차감하고 이더리움을 지급하는 방식으로 교환을 지원한다. 이런 중개자가 있어야만 서로 다른 체인에서 발행된 코인을 맞교환할 수 있다. 브릿지는 2개의 다른 블록체인에서 발행한 코인을 교환할 수 있게 해준다.

예를 들어 비트코인을 브릿지에 맡기면, 사용자가 맡긴 비트코인은 시스템에 락업되고 그만큼의 '랩트(wrapped) 비트코인'을 발행해준다. 랩트 비트코인은 이더리움 기반으로 만들어진 토큰이다. 이 랩트 비트코인을 가지고 이더리움 생태계 디파이 서비스를 이용하다가 추후 다시 비트코인으로 바꿔갈 수 있다. 하지만 자금을 저장하는 브릿지는 그간 해커들의 주요 타깃이 되어왔던 데다가 갑자기 작동을 멈추는 경우도 있으니 사용에 신중을 기해야 한다.

영지식 증명

영지식 증명에서 '영'은 숫자 '0'을 말한다. 영어로는 Zero-Knowledge Proof라고 부른다. 정보의 내용을 공개하지 않고도 그 정보를 알고 있다는 사실을 증명할 수 있는 암호학적 방법이다. 비밀번호를 말하지 않고도 비밀번호를 알고 있다는 것을 증명하는 것과 같다. 예를 들어 송금할 때 계좌 잔액을 공개하지 않고도 충분한 돈을 가지고 있다는 것만 증명하는 셈이다. 개인정보를 보호하면서도 거래의 유효성을 증명할 수 있어 블록체인의 프라이버시를 강화한다.

거버넌스 토큰

블록체인 네트워크나 디앱 프로젝트의 의사결정 과정에 참여할 수 있는 권한을 부여하는 가상자산이다. 보유자는 주요 기능 업그레이드, 자금 배분 등에 관한 제안에 투표할 수 있다. 유니스왑의 유니(UNI), 메이커다오의 메이커(MKR) 등이 대표적인 거버넌스 토큰이다.

다오(DAO)

Decentralized Autonomous Organization이라는 영어의 줄임말이다. 중앙 관리 주체 없이 운영되는 탈중앙화된 자율 조직이다. 회사를 예로 들면 '사장, 임원, 부장'과 같은 직급이 없고, 상대에게 명령을 내리지도 않는다. 결정 권한을 쥐고 있는 강력한 한 사람이 존재하지 않으며, 모두가 의사결정에 참여하는 구조다. 규칙과 투표 등에 따라 조직이 운영된다. 자금 관리, 프로젝트 지원, 투자 등 다양한 목적으로 운영될 수 있다.

RWA

영어 Real-World Assets의 줄임말이다. 실물 자산을 블록체인 기반 토큰으로 만들어 디지털 형태로 거래할 수 있게 한 자산이다. 부동산, 예술품, 금, 원유 등 쪼개서 살 수 없고 유동성이 낮은 전통 자산을 블록체인에 연결해 분할 소유와 거래를 가능하게 한다.

증권형 토큰 공개(STO)

Security Token Offering의 줄임말이다. 기존 주식이나 채권처럼 실제 가치와 법적 권리를 가진 토큰을 발행하며 취득을 권유하는 행위다. 시대 흐름에 따라 종이증권이 전자증권이 된 것처럼, 이제는 블록체인 기반 토큰 형태로 증권을 발행하는 것이라고 해석할 수 있다. 형태만 다를 뿐 하나의 증권이기 때문에 투자자들에게 배당, 의결권 등 전통적 증권과 유사한 권리를 제공한다.

가상자산 공개(ICO)

주식시장에 회사를 증시에 상장시키는 기업 공개(IPO)가 있다면 코인시장에는 ICO가 있다. Initial Coin Offering의 줄임말이다. 거래소에 코인을 상장시키는 행위를 뜻하지는 않는다. 새로운 가상자산 프로젝트가 초기 자금을 모으는 방식이다. 기업이 토큰을 발행하고, 투자자들은 비트코인이나 이더리움 같은 메이저 가상자산으로 이를 구매한다. 2017년에 큰 인기를 끌었으나, 수많은 사기성 프로젝트가 난립해 투자 피해가 생기면서 규제가 강화되었다.

KYC

고객 신원 확인(Know Your Customer) 절차다. 은행 등 전통금융사에서도 KYC를 진행한다. 가상자산 시장에서는 거래소에서 고객에게 KYC를 요구한다. 실명, 주소, 신분증 등의 정보를 제공해야 한다. 불법 자금 세탁과 테러 자금 조달을 방지하기 위함이다. 대부분의 합법적인 거래소는 KYC 절차를 의무화하고 있다.

AML

자금세탁방지(Anti-Money Laundering) 정책이다. 불법 자금의 출처를 숨기려는 활동을 탐지하고 방지하기 위한 규제와 절차. 국내에서는 '특정금융정보거래법'을 통해 금융사와 가상자산거래소의 AML 규칙을 규정하고 있다. 이에 가상자산 사업자들은 의심스러운 거래를 모니터링하고 보고해야 할 의무가 있다.

호가창

오더북이라는 단어로도 쓰인다. 가상자산거래소에서 매수자와 매도자의 주문 정보를 보여주는 실시간 목록이다. 각 가격대별 주문량을 표시해 시장의 수요 상황과 공급 상황을 파악할 수 있게 해준다. 거래 깊이(depth)를 통해 특정 가격대에서 얼마나 많은 물량이 거래될 수 있는지를 확인할 수 있다.

■ 독자 여러분의 소중한 원고를 기다립니다

메이트북스는 독자 여러분의 소중한 원고를 기다리고 있습니다. 집필을 끝냈거나 집필중인 원고가 있으신 분은 khg0109@hanmail.net으로 원고의 간단한 기획의도와 개요, 연락처 등과 함께 보내주시면 최대한 빨리 검토한 후에 연락드리겠습니다. 머뭇거리지 마시고 언제라도 메이트북스의 문을 두드리시면 반갑게 맞이하겠습니다.

■ 메이트북스 SNS는 보물창고입니다

메이트북스 홈페이지 www.matebooks.co.kr

책에 대한 칼럼 및 신간정보, 베스트셀러 및 스테디셀러 정보뿐만 아니라 저자의 인터뷰 및 책 소개 동영상을 보실 수 있습니다.

메이트북스 유튜브 bit.ly/2qXrcUb

활발하게 업로드되는 저자의 인터뷰, 책 소개 동영상을 통해 책에서는 접할 수 없었던 입체적인 정보들을 경험하실 수 있습니다.

메이트북스 블로그 blog.naver.com/1n1media

1분 전문가 칼럼, 화제의 책, 화제의 동영상 등 독자 여러분을 위해 다양한 콘텐츠를 매일 올리고 있습니다.

STEP 1. 네이버 검색창 옆의 카메라 모양 아이콘을 누르세요. STEP 2. 스마트렌즈를 통해 각 QR코드를 스캔하시면 됩니다. STEP 3. 팝업창을 누르시면 메이트북스의 SNS가 나옵니다.